AF580125

Lueur d'espoir

Béatrice Müller

Lueur d'espoir

LE LYS BLEU
ÉDITIONS

ISBN : 979-10-377-9472-7

Je souhaite vous faire partager mon histoire, aussi incroyable soit-elle, à la fois tragique et pleine d'espoir. Après de nombreuses années de dépression, d'angoisses, de phobies et de tentatives de suicide, la dernière a failli m'être fatale. C'est un miracle aujourd'hui si je peux vous en parler. J'ai depuis, certes des séquelles physiques, néanmoins j'ai la chance d'être une miraculée. Je ne devrais plus être là. Je devrais être aveugle mais j'ai repris la vue progressivement. Depuis mon réveil du coma, mon humeur a changé. J'ai plus que jamais envie de vivre, de me battre. J'aimerais faire comprendre à travers ce livre à quel point j'admets qu'on puisse vouloir mettre fin à ses jours. Malgré tout, je veux dissuader tout individu désireux de le faire, de passer à l'acte. Les conséquences auxquelles avant on ne pense pas peuvent être très graves et irréversibles. Même si pour ma part, je vois maintenant la vie différemment, celle-ci ensuite peut considérablement devenir transformée. J'espère aussi expliquer pourquoi on peut être amené à commettre un tel geste de désespoir. La dépression est une maladie complexe, difficile à comprendre et à guérir si un jour elle peut être guérie.

Ainsi il faut toujours garder espoir dans la maladie et dans les épreuves. Un rayon de soleil peut venir illuminer un ciel très sombre.

Chapitre 1
Renaissance

Nous sommes le vendredi 9 mars 2012, grosse journée de travail en perspective, 9 h/12 h et 14h/20h. Tout bouillonne dans ma tête. J'ai tout planifié, il ne me reste plus qu'à trouver le bon moment. Je rentre à midi du travail et je me sens trop fatiguée pour retourner l'après-midi. Mes enfants sont chez leur père encore pour tout le week-end. J'allume mon ordinateur qui marche de moins en moins bien. J'imprime mes lettres d'adieux, déjà écrites et préparées depuis longtemps. Je prends ma bouteille de Malibu ainsi que mes boîtes de médicaments. Le cocktail est enfin prêt. Je m'allonge sur mon lit en attendant une autre vie, la vie après la mort.

Le néant, quand soudain je vois ma fille apparaître, rentrer dans l'appartement, franchir le hall. Je me lève très énervée. Je lui dis que je n'en peux plus, que je vais partir très loin, que je n'ai pas d'autre choix que de les laisser, eux et tout le reste. Je suis à ce moment-là dans le salon. Je regarde du côté de ma chambre. Je vois une forme étrange étendue sur mon lit. Au-dessus, j'aperçois le visage de ma fille. Je prends mon sac noir et chausse mes nouvelles bottes. Je sors mes tickets restaurant de mon sac, les pose sur la table en disant à ma fille qu'ils sont pour elle et son frère car où je vais aller je n'en aurai pas l'utilité. Je pars, mes clés de voiture à la main. Je descends les escaliers. Je me dirige vers le parking rejoindre ma voiture. Je démarre. Je me situe au croisement de la rue puis de nouveau : le néant.

J'entends des bruits, des voix. On vient me secourir certainement. Je pense que je suis victime d'un grave accident de voiture en rentrant d'une discothèque très spéciale. J'imagine les pompiers autour de moi. Je les écoute parler, je leur réponds, mais je ne les vois pas et ils ne me répondent pas. Selon moi, le temps est très long, interminable. Je suppose que je suis bien coincée dans ma voiture et que les pompiers rencontrent des difficultés à m'extraire. Les heures passent et rien n'évolue. Je suis toujours bloquée au milieu des tôles de mon Land Rover, qui s'est encastré dans un arbre, et qui, par conséquent, finirait à la casse.

Soudain, j'ai eu le sentiment d'être enfin libérée. Je ne suis plus dans ma voiture. Je suis probablement dans une ambulance, car j'entends le bruit des sirènes. Je vois pourtant une lumière forte au-dessus de moi, qui m'attire profondément.

Ensuite, j'arrive dans un centre hospitalier. Mes parents et mes enfants sont devant moi. Ils sont là. Ils m'attendent, tous réunis.

Puis, je me sens monter. Je suis dans un ascenseur. Un homme est avec moi. Peut-être un pompier ou bien un médecin. Je monte très haut, au dernier étage, en dessous du toit. J'entre dans une pièce. Je suis allongée dans un lit, mais je ne suis pas seule.

Je sens la présence de plusieurs personnes, qui sont, pour certaines, plus hautes que moi, comme sur un escalier en forme d'une pyramide, à plusieurs niveaux.

Je continue de percevoir des voix, mais pas très distinctes, sauf à un moment je crois reconnaître celle de mon père. Il me parle et je l'écoute. Je ressens sa présence mais d'autres également. On prie pour moi. J'entends toute sorte de prières. Des séances de magie s'organisent autour de mon lit. J'ai l'impression que ces personnes qui se battent pour que je reste en vie, et qui prient, déposent des pierres, des feuilles autour de ma chambre et les font brûler pour conjurer le mauvais sort qui s'est abattu sur moi.

J'ai toujours la sensation que l'hôpital est un building et que ma chambre est au dernier étage. Les individus avec qui je la partage montent et descendent les escaliers. Un chat est même installé à mes côtés, sur mon lit. Je vis des histoires rocambolesques, indescriptibles mais si réelles pourtant. J'ai conscience que mon état est très critique et que je suis toujours entre la vie et la mort. J'essaye de comprendre ce qui a bien pu m'arriver en voiture au croisement de ma rue. Je remonte dans mes pensées. Je veux savoir pourquoi je lutte et pourquoi je dois me battre pour rester en vie.

Je suis allée à une soirée réservée en particulier aux infirmières. Cette discothèque est à la campagne. Elle est sur les hauteurs, entourée de verdure. En bas de la colline se trouvent des arbres. J'ai beaucoup bu pour ainsi perdre la raison. Je réalise qu'on m'a droguée. Je n'ai plus mes nouvelles boucles d'oreilles. On me les a volées. Je n'ai plus mes dents non plus. Elles paraissent si transformées. Je ne comprends plus rien. Bien qu'en apparence je me suis bien amusée, en partant j'étais tellement ivre que ma voiture a percuté un arbre. Quelle mésaventure, maintenant je suis grièvement blessée. Je lutte pour rester en vie car je veux vivre et je me bats. J'ai honte de ce que j'ai fait. Je ne retournerai jamais dans de tels endroits.

Tout à coup, je me sens seule. Je suis très calme, paisible mais très différente. Les escaliers disparaissent. Je remue mes doigts dans tous les sens. Je vis. Je suis en vie. Mes mains sont attachées. Une chose bizarre est dans ma bouche. Je ne peux pas parler. Je ne vois rien, cependant, je reprends connaissance peu à peu. Les médecins s'approchent de moi, même si je ne les vois pas. Le diagnostic tombe. Je suis à l'hôpital Edouard Herriot, en réanimation. Je viens de sortir du coma dans lequel j'ai été plongée pendant plusieurs heures, plusieurs jours, je ne sais pas, j'ai perdu toute notion de temps. J'ai de nombreuses séquelles et mon état est encore très préoccupant.

Commence alors, le début d'un long combat.

***

Je suis allongée. Je ne peux pas bouger. À quoi ressemble mon lit, ma chambre ? Je ne sais pas. Je ne vois pratiquement rien. J'ai quelque chose dans ma bouche, mais qu'est-ce que c'est ? Je ne sais pas. Je ne vois pas non plus tous les autres appareils et tuyaux qui me maintiennent en vie.

Je ne peux pas toucher. Pour quelle raison mes mains sont attachées aux barreaux de mon lit ? À quoi ressemble le personnel médical qui s'occupe de moi ?

Infirmières, aides-soignants et médecins. Même réponse. Je ne sais pas. Je les entends seulement. Quel jour est-il ? Est-ce le jour ou bien la nuit ? Je ne sais pas non plus. J'imagine. Je ne peux qu'imaginer.

Pourquoi suis-je devenue presque aveugle ? Je suis faible, je n'ai plus de forces. J'ai envie de dormir. Mon pied gauche est paralysé. Quant à ma jambe, j'ai une perte de sensibilité considérable qui remonte jusque dans mes fesses. J'ai également des problèmes pulmonaires importants, qui préoccupent les médecins. Ils ne peuvent pas encore me dire si je vais m'en sortir. Mais que m'arrive-t-il ? Pourquoi suis-je dans cet état ? Et malgré tout, je n'ai aucune angoisse, aucune peur. Je me sens calme, très calme et je me sens bien. Jamais je ne me suis sentie aussi paisible. Est-ce normal ? J'ai envie de vivre. Je dois vivre. Je ne peux pas rester dans cet état. Je lutte. J'espère, je prie et je crois très fort en mon avenir.

De surcroît, il m'est impossible de parler. Je suis intubée. J'aimerais communiquer avec les infirmières. Je souhaiterais leur demander ce qui m'est arrivée exactement. Pourquoi suis-je victime d'un accident de voiture ?

Mon père est là. Je suis contente de sa présence. J'éprouve le besoin de l'entendre ainsi que de lui parler. Mais comment faire ? J'ai une idée. Je dois écrire. Je ne peux qu'écrire. Comment faire aussi ? Mes mains sont attachées. Par les gestes, je fais comprendre aux infirmières que je désire correspondre avec elles et mon père. Elles m'ont amené une ardoise en plastique avec un feutre. Mais, ce n'est pas facile avec les mains attachées aux barreaux de mon lit. Elles craignent que je profite de la situation pour enlever mes appareils. Par un signe de la tête, j'essaye de leur expliquer qu'elles peuvent avoir confiance en moi. Finalement, une infirmière détache ma main gauche car je suis gauchère. Par gestes aussi, je lui montre que je ne vois plus. Elle me donne le feutre dans le bon sens. Je suis très heureuse, seulement il n'est pas si simple d'écrire lorsqu'on ne voit rien. Par mémoire, je m'efforce de marquer des lettres et de composer ainsi des mots. Mais mon père ne comprend pas. Je mets les lettres les unes sur les autres. Alors je note lettre par lettre afin de former un mot. L'infirmière prononce ce qu'elle croit déchiffrer et toujours par un signe de la tête, je lui indique si c'est exact ou non. Ce dialogue est long et difficile, néanmoins j'ai trouvé, nous avons trouvé la solution. Par ce procédé, je peux enfin communiquer.

Par conséquent, je demande à mon père s'il a fait les démarches nécessaires auprès de mon assurance et si ma voiture est réparable. Apparemment, il ne comprend pas ma question. Il ne me répond pas. Il reste un moment silencieux, puis il me dit que ma voiture est toujours sur mon parking en bon état. À ce moment-là, c'est moi qui ne comprends plus rien. Si je n'ai pas eu d'accident de voiture, alors que s'est-il passé ?

Mon père me raconte que le matin du lundi 12 mars, il reçut un appel de ma fille. Elle a fait un malaise en allant à l'école et les pompiers l'ont emmenée à la clinique de la Sauvegarde, à proximité de mon domicile. Elle a tenté de me joindre. Je n'ai pas répondu. Elle a ensuite téléphoné à mon travail. Je n'étais pas là-bas et pourtant je commençais à 9 h. Mes collègues m'attendaient encore. Ce n'était pas dans mon habitude de ne pas être présente, même avec quelques minutes de retard sans les avertir. Soucieuse, elle a donc prévenu mon père. Il a été de suite la rejoindre. Elle avait un mauvais pressentiment, elle était inquiète. Elle lui a donné les clés de la maison afin qu'il vienne vérifier si j'allais bien. Mon père, en arrivant sur le parking a vu ma voiture. En effet, ce n'était pas normal. Il est monté. Il a ouvert la porte et m'a découverte inerte sur mon lit. Pour lui, sans vie. J'étais comme morte. Il a vu les boîtes de médicaments et la bouteille de Malibu vide sur la table. Ce n'était pas la première fois, alors il a compris que j'avais fait une nouvelle tentative de suicide. Il est descendu dans sa voiture et a immédiatement appelé les pompiers. Puis, anéanti, il s'est assis sur un banc de mon immeuble.

Les pompiers sont intervenus très rapidement. Ils ont fait appel au SAMU car ils n'avaient pas le matériel adéquat. Les policiers sont également venus constater que je n'étais pas victime d'un acte criminel. Ils ont mis plus d'une heure pour me réanimer. Et après, ils m'ont transportée de toute urgence à l'hôpital. J'étais entre la vie et la mort, dans le coma, en hypothermie. Je manquais d'oxygène. Je respirais difficilement, mais je respirais encore. Mon cœur battait faiblement mais il battait encore. Je suis restée dans un état critique plusieurs jours. C'était un miracle si j'étais encore en vie.

Je ne me souviens plus que j'ai voulu mettre fin à mes jours. Et pourtant, je réalise que ma fille sans le savoir m'a sauvé la vie. Si elle n'avait pas fait un malaise. Si elle n'avait pas essayé de me joindre. Si elle n'avait pas eu un mauvais pressentiment. Elle serait rentrée normalement le soir à la maison et il aurait été trop tard. Je serais morte aujourd'hui.

***

C'est effectivement un miracle si je suis restée en vie trois jours avant d'être secourue. Peut-on parler de phénomènes paranormaux ? Quels faits troublants pourtant ! Lorsque j'ai aperçu ma fille entrer dans l'appartement et que je lui ai annoncé que je partais pour tout quitter, en fait, il n'en était rien. Est-ce mon âme qui a vécu ces aventures ? Mon subconscient ? Je l'ignore, cependant, quelque chose d'imperceptible s'est produit. Comme si mon âme s'était mise en relation avec celle de ma fille pour qu'elle vienne me sauver. Comment est-ce plausible ? Je l'ignore également, mais une force extérieure a été certainement présente, si présente que ma fille a ressenti mon appel au secours. J'étais en train de mourir. La télépathie existe-t-elle ? Un lien très fort nous unit. Depuis mon adolescence, je fais des rêves prémonitoires. J'ai perçu des évènements qui se sont passés et qui m'ont troublée. Je me souviens que moi-même, j'ai sauvé ma fille. Elle avait environ deux mois. Elle dormait dans un couffin près de moi. Une nuit, j'ai rêvé qu'un baleineau réclamait sa maman. Ce rêve était très puissant. Je ne sais pas par quel phénomène mais il m'a immédiatement réveillée en sursautant. Selon moi, le baleineau représentait ma fille et elle avait besoin d'aide. J'ai aussitôt allumé la lampe. Elle s'étouffait. Elle se débattait tant bien que mal. Elle ne pouvait pas pleurer. Elle n'avait pas de moyens pour m'appeler au secours autre que par la pensée ou par une manifestation indescriptible. Si je n'avais pas fait ce rêve qui m'a interpellée, que lui serait-il arrivé? Faits troublants n'est-ce pas ? Existe-t-il une force extérieure qu'on ne perçoit pas ?

Lorsque j'étais dans le coma, même si mon cœur n'a jamais cessé de battre. Est-il possible que mon âme soit sortie de mon corps ? Car j'étais persuadée d'être dans ma voiture. Ensuite, j'ai entendu des bruits. J'ai compris qu'on venait me secourir. Ces instants magiques seront toujours gravés dans ma mémoire. Je les ai vécus comme s'ils avaient été réels et pourtant il n'en était rien. Est-ce mon âme, mon subconscient ? En tous les cas, si j'ai perçu ces péripéties différemment de la réalité, j'avais bien conscience que j'étais entre la vie et la mort. Dans le coma, j'ai découvert que la vie ne s'arrête pas. On vit, certes autrement, mais on vit. Notre esprit est là. Je pense aussi que d'avoir oublié que j'avais voulu mettre fin à mes jours et de croire que j'étais victime d'un accident de voiture ont été une chance. Je ne me serais pas battue autant comme je me suis battue pour rester en vie. Je me suis accrochée à cette vie, à ma vie. Ce que je n'aurais probablement pas fait si ma conscience s'était souvenue de mon geste de désespoir et de mon état psychologique avant ma tentative de suicide. Je reviendrai plus profondément sur le sujet ultérieurement.

***

Maintenant, je connais la cause de cette tragédie. Néanmoins, je n'oublierai jamais ce que j'ai vécu ou plutôt ce que j'ai cru vivre. Je n'oublierai pas non plus ce que j'ai entendu ou ce que j'ai cru entendre et imaginer pendant mon coma. C'était réel et irréel à la fois. Réel pour mon esprit et imaginaire dans la réalité. J'ai peut-être été cinq voire six jours plongée dans un coma profond. Mon « comeback » a peut-être été le 15 mars ou bien le 16 mars. Je l'ignore et peu importe. Tout ce que je vais vivre depuis cet instant appartient indéniablement à la réalité. Mon entourage ainsi que les médecins me rappellent petit à petit les faits oubliés que j'essaye de ressortir de ma mémoire progressivement.

***

Je suis toujours en réanimation. Mon infection pulmonaire est grave et mon état reste préoccupant. Même si je suis sortie du coma, les médecins sont inquiets. J'ai encore ce tuyau indispensable à ma survie dans ma bouche. Il me gêne et m'empêche de parler. D'ailleurs, je me demande si je n'ai pas perdu la parole. J'ai incontestablement perdu la vue, pourquoi pas ma voix ? Les médecins pensent que je suis toujours dépressive. J'aimerais leur expliquer que j'ai changé. Je me sens différente, transformée. Je n'ai plus les idées noires et les angoisses que je ressentais auparavant. Je devrais être inquiète, cependant je ne le suis pas. Je ne comprends pas la femme que je suis devenue. Je m'interroge. Pourquoi une telle transformation intérieure et si soudaine ?

J'ouvre les yeux, je ne vois pratiquement rien. Je ne suis pas dans l'obscurité totale mais presque. Un masque noir recouvre mes yeux sauf que ce masque persiste. Il ne me quitte pas. Va-t-il disparaître dans l'avenir ? Que se passe-t-il ? Est-ce temporaire ? Je fais comprendre aux médecins que je souhaite consulter un ophtalmologue rapidement. Mais, aucun examen ne peut être pratiqué dans l'immédiat. Mon état doit s'améliorer. Et tant que je serai reliée à autant de machines, cela ne pourra pas être envisageable. Pendant mon coma, un scanner a été réalisé et il ne montre aucune anomalie.

On ne peut rien me dire tant que les examens complémentaires ne seront pas effectués. Est-ce que la perte de la vision a été provoquée par les médicaments que j'ai avalés ? Pour l'instant et dans tous les sens du terme, je suis dans le brouillard. Je n'ai pas de réponses à mes nombreuses questions.

J'ai également des problèmes moteurs. Il faut aussi que j'attende pour passer un électromyogramme des membres inférieurs. Je ne sens absolument pas mon pied gauche. Il est complètement paralysé. Il ne bouge pas et je n'ai aucune sensation. Ma jambe gauche est aussi fortement touchée. J'ai l'impression d'avoir plusieurs kilos de plomb à la place de ma jambe et surtout à la place de mon pied. Que m'arrive-t-il également ? Je dois patienter et encore patienter pour le savoir.

En attendant, je me bats contre mon infection pulmonaire. C'est la priorité. Je dors, je suis très fatiguée, épuisée.

Les jours paraissent longs, très longs. J'ai perdu toute notion du temps. Quel jour sommes-nous ? Est-ce le jour ou bien la nuit ? Je ne sais pas étant donné que je suis plongée dans le noir. Je n'ai plus aucun repère. Je me sens complètement désorientée. Je laisse place à mon imagination. J'imagine, je pense, je dors. Mes rêves sont curieux et riches en émotion.

Je suis dans une eau claire. Elle est si limpide que j'ai envie de me baigner. Je voudrais retourner dans ce rêve lorsque je me réveille. Cette eau calme m'attire et m'apporte du bien-être. À un autre moment, j'ai des ailes et je peux voler comme un oiseau. Une autre fois, je suis dans un train qui roule, qui roule, et qui ne s'arrête jamais. Je rêve le jour et la nuit comme je dors continuellement. Et lorsqu'à la fin, j'ouvre les yeux, je ne vois toujours rien. En revanche, dans mes rêves, je vois. Je referme mes yeux. Je les ouvre encore et je ne sais pas si je me réveille le jour ou la nuit. Lorsque je suis éveillée, mes songes envahissent mes pensées. Je les vis véritablement. Je m'efforce de les interpréter. Ils ont sûrement une signification particulière qui devrait m'interpeller et me conseiller.

Je pense à cette eau turquoise et transparente dans laquelle j'aimerais me trouver. J'ai chaud, très chaud. Est-ce la fièvre ? Si seulement je pouvais me tremper et ainsi me refroidir dans cette mer qui me transporte autant. La réalité est tout autre. Je suis immobilisée et attachée dans un lit. J'ai conscience que je suis entourée de tuyaux qui me maintiennent en vie. Seules, les aides-soignantes rafraîchissent de temps en temps mon visage et ma bouche excessivement desséchée avec un linge mouillé. C'est la canicule, je suis bouillante. J'ai envie de boire du coca-cola et de manger un bon carpaccio de bœuf. Mais, ce n'est pas possible. Je ne sais pas si je pourrai de nouveau apprécier et déguster ce plat qui me fait tant saliver. Je suis alimentée pour l'instant artificiellement. Parfois, il me semble que j'ai des remontées désagréables de Malibu. Ce goût permanent dans ma gorge m'écœure. En tout cas, j'ai besoin de rêver et aussi de me projeter dans le futur même si celui-ci reste encore incertain.

***

Je perçois des silhouettes pénétrer dans ma chambre. J'entends les infirmières et les médecins parler. Je ne connais pas leurs visages. J'essaye de les reconnaître par leurs voix. Ma mémoire auditive commence à remplacer ma mémoire visuelle. Mon adaptation est difficile. J'ai la sensation que le personnel change constamment. En entrant, chacun se présente en m'indiquant son prénom, cependant je ne les retiens pas. Je suis perdue mais ils sont tous très gentils et patients. On continue de correspondre avec l'ardoise qu'utilisent les enfants à l'école primaire. Je retombe en enfance. Je dois tout réapprendre.

À chaque fois que mon père est à mes côtés, il positionne sa main devant mes yeux. Je distingue qu'une ombre. Je suis incapable de préciser le nombre de doigts. Cet exercice simple et automatique normalement est devenu complexe pour moi, pour une malvoyante. C'est terrible d'employer ce terme qui me caractérise désormais, pourtant c'est la réalité. Quant au médecin, il tient un stylo également devant mes yeux et le déplace. Mon regard ne suit pas le mouvement. Il est fuyant comme un aveugle. J'ai l'impression de participer à un carnaval, au carnaval de Venise plus spécialement. Je suis vêtue d'un joli déguisement et j'ai « un loup » tout noir, posé sur mon visage. Mais ce « loup » m'empêche de voir. Il ne possède aucun trou. Sauf que, je ne suis pas à un bal masqué. Cette forme qui recouvre entièrement mes yeux n'appartient pas à un déguisement et je ne peux pas l'enlever. Maintenant, et pour une durée indéterminée, il fait partie intégrante de ma vie. Je dois forcément m'adapter et vivre au mieux en sa présence. Je crois et je présume que ce n'est pas définitif.

Même si dans l'immédiat la priorité reste de combattre mon infection pulmonaire, je me demande, toutefois, si ma vue reviendra dans quinze jours, un mois ou plus. Je ne sais pas pour quelle raison, mais j'ai l'intuition que je reverrai prochainement. Dans mon coma, je me suis sentie protégée, comme si on m'avait aidée à réintégrer « le monde des vivants ». Une force extérieure m'a fait comprendre que les conditions ne seraient pas faciles, néanmoins, mon ange gardien veillerait sur moi et il me donnerait la force nécessaire afin de mieux surmonter les obstacles. Si je suis cette théorie, je devrais revoir. Sinon pourquoi suis-je en vie, alors que j'ai touché la mort de très près ? Peut-être que mon infection pulmonaire va m'emporter ? Je ne pense pas. Si je devais mourir, je serais déjà morte. Selon mon discernement, c'est tout simplement temporaire. Je l'espère, et je suppose uniquement le temps que pendant un moment, je ne vois pas les personnes qui m'ont fait extrêmement souffrir intérieurement.

Cependant, je réalise que je n'ai jamais eu autant besoin de mes parents, de mes enfants, de mes amis et de mes collègues. Actuellement, Je réclame leur réconfort. J'aimerais les rencontrer et les sentir auprès de moi, car je vais plutôt les apercevoir indistinctement et les entendre. Je suis complètement déboussolée. Le temps me paraît éternellement long lorsque je suis éveillée. Je ne sais jamais si nous sommes le matin, le midi, le soir ou la nuit. J'explique à mon père et au personnel soignant mon profond désir de retrouver mes proches très rapidement. Ils me manquent. Ma famille souhaite protéger mes enfants. Alors, ma fille viendra lorsque je n'aurai plus mon tube dans la bouche. C'est apparemment très choquant. Mon fils ne connaît pas la vérité. Mes collègues et amies doivent patienter aussi. Je suis obligée d'attendre. Je n'ai pas d'autre alternative. J'ai hâte qu'on me retire ce tuyau qui me gêne tant. Toujours par le biais de l'ardoise, je demande, une nouvelle fois, si on me l'enlèvera bientôt. C'est loin d'être le cas. Mon infection pulmonaire ne guérit pas.

***

Une radio des poumons est effectuée tous les jours. Mon état ne s'améliore guère. Les kinésithérapeutes passent régulièrement dans ma chambre. Je reste clouée dans mon lit, allongée. Je ne me suis pas encore levée. Comment le pourrais-je ? Une attelle me sera indispensable pour remarcher. J'ai perdu toute sensibilité au niveau de mon membre inférieur gauche. Un socle a été confectionné de façon que je puisse caler mon mollet et mon pied.

Le docteur me questionne. Je n'ai pas les réponses. Je ne connais ni mon poids ni ma pointure. Je ne me souviens pas de ma tentative de suicide. Le médecin n'admet pas mon amnésie. Il n'a pas d'explication, mais c'est ainsi. Je dois réfléchir et me concentrer afin que tout ce que j'ai oublié remonte précisément et totalement dans ma mémoire. Je le souhaite absolument.

J'ai constamment envie de dormir. Je dors. Je suis épuisée. La présence de mon père me procure une très grande joie. Je suis heureuse et je l'attends toujours avec impatience. Toutefois, je suis très vite fatiguée. Quoi qu'il en soit, je ne peux ni lire, ni écrire, ni regarder la télévision. Je ne vois même pas le petit écran qui est, paraît-il, en face de moi. Alors, je rêve endormie et je pense éveillée.

Mon attelle est prête, mon père m'apporte des baskets ajustés à mon appareillage. Je me lève. On me lève plus exactement car je ne tiens pas debout seule. On m'a installée sur un fauteuil près de la fenêtre. J'ai froid. J'ai enveloppé une couverture autour de mon corps. Je regarde de l'autre côté de la vitre. Étonnement, j'aperçois des ombres, Que sont ces formes bizarroïdes mobiles à l'extérieur ? Je ne les identifie pas. J'entends toutes sortes de bruits indéterminables. Ce n'est pas cohérent si comme je le crois, je suis au dernier étage de l'hôpital. Je ne comprends pas. Intérieurement, j'émets des hypothèses selon mon imagination.

Puis, trop lasse, je m'endors sur le fauteuil. Les infirmières viennent et me couchent. Cette opération est renouvelée plusieurs heures après ou le lendemain. Je suis contente de sortir un peu de mon lit et depuis, mes poumons reprennent des couleurs. La position assise m'est recommandée. Je lutte même si je suis épuisée. Je suis volontaire comme je ne l'ai jamais été auparavant.

Je ne peux pas m'exprimer. Les médecins et ma famille ne se doutent pas à quel point j'ai changé psychiquement. C'est incroyablement miraculeux et je ne sais toujours pas pourquoi il en est ainsi. Pourquoi une telle transformation aussi radicale ? J'aimerais partager mes nouvelles pensées. Mais malheureusement, ce n'est pas encore possible.

Mes efforts sont enfin récompensés. Le médecin envisage de m'extuber prochainement si les progrès persistent.

***

Ma mère est là. Ma peau est sèche. Elle applique de la crème sur mes mains. Elle me paraît angoissée. Mon état la préoccupe beaucoup. J'ai conscience que j'ai fortement secoué mentalement et moralement les personnes que j'aime et qui tiennent à moi, même si au moment de mon geste de désespoir je croyais les libérer du « boulet » que je pensais être pour eux.

Pourtant si psychologiquement, je me sens à l'opposé de ce que j'étais, semblable à une deuxième naissance, j'espère que mes handicaps physiques actuels s'estomperont ou disparaîtront entièrement avec le temps. Sinon, je crains de devenir une charge très lourde pour mon entourage, ce que je ne souhaite évidemment pas. Je me rassure en me disant que les messages que j'ai perçus de l'autre monde lors de mon coma sont en contradiction avec cet état de dépendance complète.

Ma fille arrive. Je suis enthousiasmée. Néanmoins, nous sommes déçus. J'ai toujours ce tube dans ma bouche. On devait me le retirer ce matin, cependant à la dernière minute, le médecin a préféré reporter cette opération. Ma fille a, semble-t-il, réagi violemment émotionnellement. Elle ne s'imaginait pas que j'étais reliée à autant de machines. Sa réaction était prévisible. En ce qui me concerne, mes tuyaux ne m'impressionnent pas et ne me perturbent aucunement. C'est l'avantage d'être pratiquement aveugle dans de telles circonstances.

Je ne vois pas son joli visage. Je visualise seulement une zone sombre. Et, le fait peut-être de ne plus l'admirer me traverse l'esprit. Je suis toutefois enchantée. Elle est à mes côtés et je l'entends. Elle est venue accompagnée de mon père. Il profite de sa présence pour évoquer le bouleversant incident qu'elle a subi quelques jours avant ma tentative de suicide. Je les écoute attentivement. Je suis une nouvelle fois déconcertée. Je ne m'en souviens pas. Je reste stoïque. Je ne souhaite pas les inquiéter davantage. Mes troubles de la mémoire sont-ils provisoires ou seront-ils permanents ?

***

J'ai remporté ma première bataille. Mon infection pulmonaire est guérie. Mon extubation a été un succès. Je n'ai rien vu et rien senti. Je respire dorénavant seule. Je m'efforce de prononcer des mots, des phrases. Mais, pratiquement aucun son ne sort. Après quinze jours d'intubation, c'est probablement normal. Je reparlerai, c'est incontestable. Même péniblement, Je peux enfin communiquer sans me servir de l'ardoise. Procédé que j'ai utilisé jusqu'à présent.

Les kinésithérapeutes s'occupent quotidiennement de ma rééducation aussi bien respiratoire que fonctionnelle. Maintenant que ma bouche est « libérée », j'accomplis d'autres exercices. Je souffle dans un tube. Des boules sont à l'intérieur et je dois les faire bouger. Je réapprends à respirer et à marcher.

Ils m'aident à mettre mon attelle et mes baskets. Je ne tiens pas debout seule. Ils m'amènent un déambulateur. Puis, ils me lèvent et me soutiennent de chaque côté. Je fais ainsi mes premiers pas. Ils m'expliquent comment positionner un pied devant l'autre. Ce geste, si naturel et si facile pourtant, ne l'est plus pour moi. Je ne sors pas de ma chambre. Malgré mon acharnement, c'est encore trop périlleux.

Les entretiens avec un psychologue et un psychiatre commencent. Avec le psychologue, je lui raconte mes rêves. Dans l'un d'entre eux, j'étais à Shanghai. Pourquoi cette ville ? Je ne suis jamais allée en Chine. Dans un autre, je me trouvais dans un fort au Moyen Âge. Je combattais pour remporter une éventuelle victoire. Quelle ressemblance avec ma situation actuelle ? Je me bats effectivement pour sortir victorieuse de tout ce que j'ai vécu et de tout ce que je vis en ce moment sur mon lit d'hôpital. Ma vie n'est plus en danger, néanmoins j'ai une longue route à parcourir et d'étapes à surmonter.

Avec le psychiatre, nous parlons de ma tentative de suicide. Je lui commente les raisons qui m'ont poussée à commettre un tel geste de désespoir. J'insiste sur le fait que je ne me sens plus dépressive. Je lui précise que je suis désormais une autre personne intérieurement depuis la sortie de mon coma. Et, que tout me semble paisible en dépit de mes nombreuses séquelles physiques. Je devrais être inquiète et pourtant je ne le suis pas. Ainsi, je lui demande s'il y a une explication à cette transformation aussi radicale qui est pour moi inexpliquée et invraisemblable. Il ne me répond pas. Me croit-il ? J'en doute. Par conséquent, mes questions restent sans réponses.

***

Les kinésithérapeutes décident de me sortir de ma chambre. Ma mère est là, dans le couloir. Toujours en me tenant, et avec l'aide du déambulateur, ils m'indiquent une nouvelle fois comment mettre un pied devant l'autre. C'est très difficile. Je ne sens pratiquement pas ma jambe gauche et je n'ai plus aucune force. Ils me guident vers la porte, étant donné que je ne vois pas. Je peine à franchir le seuil, mais je continue légèrement. Je sens l'odeur du parfum de ma mère. Je l'interpelle. Elle est bien à côté de moi. Je ne la vois pas, cependant cet arôme me signale sa présence. Je constate que mon sens olfactif devient un nouveau moyen de repère depuis que celui de la vue m'a abandonnée.

Je tourne ma tête. La porte principale doit être ouverte. Au loin, il me semble apercevoir l'ombre d'une voiture et la lumière du jour. Le sol, certainement la route, paraît toute blanche comme si elle était recouverte par une immense couche de neige. C'est original, insolite et utopique car il ne neige pas. Néanmoins, je suis ravie, je ne suis pas totalement aveugle. Dans le même temps, Je comprends que je suis au rez-de-chaussée. Je suis très surprise. J'étais persuadée de demeurer au dernier étage. Étrange sensation, n'est-ce pas ? Si mon corps physique n'a jamais quitté le rez de chaussée, alors est-ce mon âme qui est montée ?

Après quelques pas, essoufflée, les kinésithérapeutes me ramènent dans mon lit.

***

Je suis toujours alimentée artificiellement. Les aliments seront réintroduits ultérieurement progressivement. Pour l'instant, en attendant que je m'adapte, les liquides me sont exclusivement autorisés. Je bois quelques gouttes d'eau puis j'arrête. Je tousse un peu mais sans gravité.

Certes, je ne suis plus intubée, pourtant les infirmières me fixent régulièrement un masque à oxygène sur mon visage. Celui-ci est connecté à un appareil qui envoie de l'air sous pression dans le nez. Je fais des efforts considérables afin de le supporter. J'appelle constamment les infirmières avec le « bip » qui est posé près de mes mains encore attachées. Elles se déplacent dans ma chambre dès que je les réclame, toutes les dix minutes apparemment. Mais, je suis dans l'obligation de le garder systématiquement au minimum une heure sans interruption. Je n'ai toujours aucune notion du temps. Les minutes s'avèrent être très longues. J'ai à chaque fois l'impression que l'heure est passée et qu'on peut m'enlever ce masque.

Je sonne encore et encore, les infirmières viennent. Je dois patienter encore et encore. Elles perdent patience, moi aussi. Je suis exténuée. Quel soulagement lorsqu'on me débranche ! Il m'est enfin possible de dormir sereinement.

***

Mon rendez-vous chez l'ophtalmologue de l'hôpital est arrivé. Les aides-soignantes, en plus de ma toilette quotidienne, faite dans mon lit, prévoient pour la première fois de me laver les cheveux, dans l'intention d'être présentable. Ensuite, après avoir trouvé avec difficultés un sèche-cheveux, mon médecin lui-même, essaye de me coiffer. Je ne vois pas le résultat, mais une fois terminé, un infirmier m'installe dans un fauteuil roulant.

Nous traversons les portes de la réanimation. Nous n'empruntons ni d'escaliers et ni d'ascenseur. Je suis maintenant formelle, lorsque j'étais proche de la mort, dans le coma, mon esprit errait. Il naviguait entre les deux mondes, lui seul montait en attendant probablement l'étape ultime avant d'atteindre l'autre côté, le royaume des morts. Cependant, on m'a aidée à ne pas franchir ce seuil et à reconnecter mon esprit à mon corps physique en sortant du coma. Ce que mon âme a vécu a été d'une telle intensité, je pensais qu'à ce moment-là, c'était la réalité.

Je suis dehors. Tout est flou, toutefois j'aperçois les bâtiments de l'hôpital, les chemins, les voitures. Mon voile noir devant les yeux disparaît. Il devient gris foncé. Je suis si heureuse de voir ne serait-ce qu'un petit peu à la lumière du jour. Je suis pleine d'espoir. Je me dis qu'avec de la patience et avec le temps tout redeviendrait comme avant. J'entre dans le service et mon voile noir réapparaît. Je suis de nouveau plongée dans l'obscurité presque totale. L'infirmier ne me quitte pas. Il transporte également tous mes tuyaux auxquels je suis encore reliée.

Après plusieurs heures, l'ophtalmologue me reçoit enfin. La docteure me fait défiler devant mes yeux toutes sortes de choses. Je dis « des choses », car je ne vois rien. Que représentent ces motifs ? Ce sont peut-être des lettres ou bien des dessins. Je ne sais pas. Je retourne rapidement dans le couloir. Des gouttes sont mises à l'intérieur de mes yeux. Après encore une bonne heure d'attente, toujours en compagnie de mon infirmier et assise dans mon fauteuil roulant, on vient de nouveau me chercher pour réaliser un fond d'œil. Cet examen sert à dépister certaines pathologies oculaires, plus spécialement celles qui sont liées à la rétine.

Le verdict tombe. Il n'est pas bon. Mes yeux sont fortement atteints. Elle m'informe que je ne reverrai jamais mieux, que ce que je vois actuellement. Avec dureté, elle me fait comprendre que mon geste était loin d'être anodin. Il est par conséquent normal si je reste avec de lourdes séquelles. En revanche, elle ne connaît ni la cause, ni l'origine de ce déficit et ni l'étendue des dégâts. Elle me prescrit des examens complémentaires afin de déterminer précisément ce qui a été touché et abîmé : IRM cérébrale, champs visuels et OCT ou scanner des yeux.

Ce rendez-vous m'a évidemment désorientée et secouée, cependant je ne suis pas démoralisée. Malgré les résultats forts pessimistes, je veux encore croire. Croire que je retrouverai la vue dans l'avenir même si désormais tout indique le contraire. Je ne peux pas rester ainsi. Cet ange gardien qui m'a ramenée dans le monde des vivants ne peut pas m'abandonner maintenant. C'est impossible. Je pense, et je ressens que je suis protégée. Les messages que j'ai perçus sont en totale contradiction si ma vue ne s'améliore pas.

L'infirmier me reconduit dans ma chambre. Je rejoins mon lit, épuisée et déboussolée. Je ne suis pas désespérée pour autant. Je médite et je m'endors.

***

Mon état s'est stabilisé. Les médecins projettent de me transférer dans un autre service, en soins intensifs prochainement.

Les kinésithérapeutes poursuivent ma rééducation respiratoire tous les jours. Ils m'aident aussi à remarcher. Ils me lèvent, mettent mon attelle et mes baskets. Puis une fois debout, ils m'apportent le déambulateur et me guident. Je sors de ma chambre. Cette fois-ci, j'avance un peu plus dans le couloir. Après quelques mètres accomplis, je suis très fatiguée et j'ai des vertiges. Ils m'installent sur une chaise. Je bois un verre d'eau. Je me repose quelques minutes, le temps de retrouver ma respiration. Ensuite, je repars. Je continue. Je renouvelle cette opération au moins trois fois. Affaiblie, je reviens dans ma chambre. Je m'allonge dans mon lit, exténuée mais ravie. Ravie de mon évolution. Certes, minime mais très importante.

Je n'ai plus besoin de mon masque à oxygène. Quelle bonne nouvelle ! Néanmoins, une infirmière me pose de temps en temps un tuyau dans mon nez. Je ne respire pas encore correctement. Je mange pour l'instant que des compotes. Autrement, je suis alimentée artificiellement.

Je rencontre le psychologue et le psychiatre régulièrement. Je raconte mes rêves à ma psychologue. Ils sont toujours aussi marquants, omniprésents et envahissants. Ce n'est pas étonnant, je dors environ vingt-deux heures sur vingt-quatre. Même lorsque je suis frigorifiée sur ma chaise, entourée d'une couverture, je m'endors rapidement. Alors, actuellement, je vis plus particulièrement à travers mes rêves.

Avec mon psychiatre, c'est toujours aussi vague et ambigu. Je me répète. Mon discours ne varie pas. Il ne me répond jamais lorsque je lui précise que j'ai changé. Comment doit-on interpréter son silence ? Est-ce du doute ou de l'ignorance ?

Mon séjour en réanimation touche à sa fin. Je vais bientôt quitter « mes sauveurs ». Ils ont veillé sur moi, jour et nuit. Je ne les vois pas mais j'ai conscience que je leur ai fait très peur. Ils n'étaient pas certains que je m'en sorte comme je m'en suis sortie. Je l'admets et ils ont raison. Je sais à quel point, autant qu'eux, voire plus, que je devrais être morte aujourd'hui. Mon âme aurait dû assister à mes funérailles. Mon esprit aurait dû abandonner mon corps physique et partir rejoindre le royaume des morts. Et pourtant, je suis toujours là. Quel miracle ! Il n'y a pas d'autres mots même s'il me reste encore beaucoup d'étapes à franchir et à surmonter.

Chapitre 2
Espérance

Nous sommes le vendredi 30 mars 2012. Et, pour la première fois, il m'est possible de préciser la date. Mon transfert en soins intensifs est arrivé.

Les infirmières m'enlèvent tous mes tuyaux, appareils auxquels je suis encore reliée. Je ne les ai jamais vus. Je vais ainsi quitter ma chambre de réanimation sans savoir à quoi elle ressemble.

Ensuite, elles m'assoient dans un fauteuil roulant. Mes affaires sont posées sur mes genoux. Nous passons devant le personnel soignant. Ils me disent « au revoir ». Je les salue également. J'aperçois seulement leur silhouette. Il me semble qu'un médecin porte des lunettes.

Je franchis définitivement les portes de la réanimation. Je suis dehors. Même si tout est encore flou, je me sens mieux qu'à l'intérieur où je ne vois pratiquement rien.

J'entre dans un nouveau pavillon. L'infirmière me laisse à ses collègues. Ces derniers vont s'occuper de moi dorénavant. Ils me conduisent dans ma nouvelle chambre, et m'installent dans mon nouveau lit.

Quelques heures se sont écoulées et j'ai perdu tous mes repères. Le lit est dos à la fenêtre. Toutefois, j'ai l'impression que la pièce est plus lumineuse. Il fait moins sombre. Je suis de nouveau branchée à une grosse machine qui se trouve à côté de mon lit. Le personnel est différent et surtout moins présent. Je dois désormais m'adapter à cette nouvelle situation.

Le soir, un soignant m'apporte mon dîner, saucisses et purée. C'est mon premier repas normal. Je lui réclame son aide. Je ne vois rien alors je suis incapable de me débrouiller seule. Il n'est pas au courant de mes handicaps. Étonné, impatient et incompréhensif, il me donne à manger comme à un bébé. Il paraît pressé. En cinq minutes, tout est fini.

Je crois apercevoir une forme carrée sur le mur au-dessus de la porte. Est-ce une télévision ? Je lui pose la question. Il me répond que rien n'est accroché, et il s'en va.

Soudainement, j'ai un besoin impérieux d'uriner. Que faire ? Je ne peux pas me lever. Je sonne mais personne ne vient. J'attends un long moment avant qu'on m'amène la bassine tant espérée. Puis, une fois libérée, je m'endors enfin.

On me réveille, en pleine nuit, en sursaut. Que se passe-t-il ?

Pourquoi suis-je brutalement secouée par les infirmiers ?

Apparemment, je ne respire pas correctement. Je commence à manquer d'oxygène. Alors, ils me mettent des tuyaux dans le nez. Ce n'est pas le masque avec lequel j'ai tant souffert, par conséquent cela ne me dérange pas.

Ils partent et je me rendors.

***

Première nuit passée dans mon nouvel environnement et je peux affirmer que même si j'ai eu besoin de la bassine plusieurs fois, j'ai relativement bien dormi.

Une aide-soignante m'apporte mon petit-déjeuner. Par déduction, nous sommes le matin. Je n'avais pas ce moyen de repère auparavant. Je ne suis plus désorientée comme je l'ai été, lorsque je me réveillais sans savoir si c'était le matin, l'après-midi, le soir ou bien la nuit.

Je fais ensuite la connaissance de mon nouveau médecin, puis de ma psychiatre. À cette dernière, je lui demande de tourner mon lit. J'aimerais bénéficier un peu plus de la lumière du jour. Mais, la machine empêche de le décaler suffisamment.

Sinon, je tiens toujours les mêmes propos. J'explique une nouvelle fois que je n'ai plus aucune angoisse depuis la sortie de mon coma et que je voudrais bien enfin connaître la raison pour laquelle je me sens si transformée intérieurement.

Elle ne le sait probablement pas car elle ne me répond pas. Cependant, elle me dit que mes paroles sont en effet en totale contradiction avec ma tentative de suicide. Néanmoins, elle ne m'éclaircit pas davantage. Mes questions demeurent une nouvelle fois sans réponses. Ce mystère reste encore un mystère.

***

Nous sommes l'après-midi du samedi 31 mars, je suis contente, ma fille, accompagnée de mon père, vient pour la deuxième fois. Et, cette fois-ci, je n'ai plus le tube dans la bouche qui l'avait tant choqué. J'ai seulement un tuyau dans le nez et des électrodes reliées à la spacieuse machine.

Ils m'amènent des journaux publicitaires de supermarché afin de tester ma vision. Nous regardons ensemble les images. Je ne vois presque rien. Tout est trouble et indéterminable. J'aperçois toutefois quelques reflets mais rien distinctement. Pourtant, je garde espoir, l'espoir de retrouver la vue progressivement dans l'avenir puisque je ne l'ai pas perdue complètement. Je ne peux pas oublier non plus les informations venant de l'au-delà qui m'ont été transmises.

Ensuite, ma fille me lime les ongles et m'épile les sourcils. Malgré qu'elle soit très attentionnée, je réclame la visite de mon fils. Il ne sait pas la vérité. Il croit que je suis tout simplement fatiguée et que je suis actuellement dans une maison de repos. Mon entourage veut et pense ainsi le protéger. Je ne suis pas de cet avis, mais je ne suis pas encore en mesure de décider. Même si son absence m'attriste, je dois attendre. Tant que je serai à l'hôpital Edouard Herriot, je suis bien consciente qu'il me sera impossible de l'entendre et de le voir.

Cette forme carrée au-dessus de la porte m'interpelle de nouveau. En l'occurrence, je demande à ma fille et à mon père si un objet est accroché. C'est bien une télévision. Alors, pourquoi l'aide-soignant a menti ? C'est un manque de professionnalisme évident et de respect à mon égard. Il est impératif qu'on me transmette des données concrètes et pertinentes. J'ai besoin de savoir ce que je suis capable de distinguer ou non pour ainsi mieux connaître mon environnement et ainsi mieux me repérer dans mon espace vital, surtout si celui-ci est un lieu inconnu. Lorsqu'on perd la vue brutalement, chaque détail prend toute son importance. Rien ne doit être négligé et être traité avec légèreté. Chaque question mérite une réponse claire et précise.

La journée s'achève. Ils partent. Épuisée mais réjouie, je me repose paisiblement et je m'endors.

***

Pendant la nuit, J'ai imploré quasiment toutes les heures la bassine. Je suis maintenant surnommée « madame bassine ».

Les médecins effectuent leur tournée quotidienne. Je ne mange pas vraisemblablement assez si je veux récupérer mes forces. Je vais m'impliquer davantage.

Toutefois, il me faudra certainement du temps. Il n'est pas si simple de reprendre une alimentation normale rapidement après presque quinze jours d'intubation. Et, par ailleurs, le fait que je ne vois pas la nourriture dans les barquettes ne facilite pas la tâche. Fort heureusement, c'est un autre aide-soignant qui m'assiste. Il m'indique les gestes à accomplir. Il m'apprend à piquer les aliments avec la fourchette sans les apercevoir. Je me débrouille bien et de mieux en mieux selon lui. Je commence enfin à manger seule. Je progresse et je suis ravie.

En revanche, depuis mon arrivée en soins intensifs, à mon grand désarroi, je n'ai pas quitté mon lit. Personne n'est venu m'aider pour marcher ni même pour me lever et pourtant j'en éprouve la nécessité.

Encore très fatiguée, je continue de dormir presque toute la journée.

***

Mardi 3 avril, pour la première fois, ma toilette n'est plus réalisée dans mon lit. Évidemment soutenue par un aide-soignant, je me suis levée, puis dirigée vers le lavabo de ma chambre. Je me suis lavée seule. Quel progrès encourageant ! Je suis encore très dépendante, néanmoins, je commence à acquérir une certaine autonomie dans mes mouvements. Je surmonte mes difficultés avec beaucoup de pragmatisme, volonté, patience et tranquillité. Je mange mieux. Même si je suis toujours reliée à la grosse machine, je n'ai plus besoin de mon tuyau dans le nez. Ma respiration est devenue normale. De ce fait, je devrais être transférée en fin de journée dans un autre pavillon.

En attendant, une IRM cérébrale est programmée pour aujourd'hui. On me prépare afin de passer cette imagerie en toute sérénité. Suis-je encore claustrophobe depuis ma renaissance ? En tous les cas, avant, je l'étais à un tel point que je ne pouvais plus conduire dans les tunnels, monter dans un ascenseur et être au milieu de la foule sans avoir une crise d'angoisse. Je me sentais soudainement très mal comme si j'allais mourir. C'était terrifiant. Dans le doute et par sécurité, je préfère qu'une infirmière m'injecte par voie intraveineuse des anxiolytiques.

Un brancardier vient me chercher. Tout en restant dans mon lit, je sors enfin de ma chambre. Je me promène de couloir en couloir, d'ascenseur en ascenseur. Et surtout, à ma grande surprise, je découvre « les coulisses » de l'hôpital. Nous empruntons et traversons les nombreux et longs chemins en sous-sols. Je suis impressionnée. C'est un labyrinthe.

Puis, nous arrivons dans le service. Toujours allongée dans mon lit, je regarde par la fenêtre. J'observe les toits et j'analyse le peu que je perçois.

Avec l'aide des médecins, je descends de mon lit. J'entre dans la pièce. Elle est très sombre. Je ne vois rien. À quoi ressemble l'appareil dans lequel je vais rester enfermée pendant de longues minutes ? Je ne sais pas. On m'allonge. On me recouvre le visage d'un objet étrange. J'ai l'impression que c'est un masque de hockey sur glace. On me donne un « bip » en cas de nécessité. Je le sers très fort dans ma main. Je me sens doucement projeter en arrière. Même si je ne vois toujours rien, je sais que je suis propulsée à l'intérieur de la machine. Très détendue, je ferme les yeux. J'imagine que je suis dans mon lit, prête à m'endormir pour une nouvelle nuit. Je suis curieusement très calme. Cela provient-il des anxiolytiques ou suis-je réellement totalement transformée intérieurement ?

Certes, les tranquillisants atténuent les angoisses mais de là, à me les faire disparaître complètement, je ne pense pas. Suis-je véritablement guérie de cette phobie, très handicapante à vivre quotidiennement ? Est-ce un miracle ? Pour l'instant, je ne peux qu'émettre des suppositions.

Une fois l'examen terminé, le brancardier me reconduit dans ma chambre. Je n'ai pas les résultats immédiatement comme je le supposais. Suis-je devenue malvoyante à cause d'un problème cérébral ? Mon nerf optique a-t-il été touché ? J'aurai le compte rendu probablement demain.

***

Effectivement, le soir, je quitte le pavillon des soins intensifs. Je suis admise dans le service psychiatrique, le temps qu'une clinique privée ait une place pour m'accueillir. Ce passage est inévitable. Ma tentative de suicide a été très grave. Mon état soulève de réelles inquiétudes quant à mon avenir. Les médecins sont persuadés que je suis considérablement en détresse sur le plan psychologique. Je ne connais pas la raison de ce miracle, mais j'ai la sensation, l'intuition que mentalement je ne suis plus malade. Toutefois, physiquement, je suis dans l'incapacité de rentrer directement à mon domicile prochainement. C'est une certitude. Ma période de convalescence sera certainement très longue, plusieurs mois, voire plusieurs années. J'ai conscience que si psychiquement je me sens maintenant très bien, et pour l'instant, je suis même la seule à le savoir, j'ai complètement abîmé mon corps physique. Tous mes organes ont été affectés.

J'ai de lourdes séquelles. Je ne peux pas encore marcher seule. Je m'adapte très lentement à ma perte de vision. Je suis très affaiblie. Je n'ai plus aucune force. Je dors continuellement. Alors, tout d'abord, il est absolument primordial de trouver un endroit où je me repose et où j'évolue progressivement selon mes besoins et selon mon rythme.

Pour différents motifs, je ne souhaite pas retourner dans un établissement psychiatrique que j'ai déjà fréquenté par le passé. La clinique de Meyzieu dans la banlieue lyonnaise m'a été recommandée. Ma demande leur a été transmise. Ainsi, lorsqu'une place sera libérée, je pourrai quitter définitivement l'hôpital Edouard Herriot.

***

Une infirmière m'installe dans ma nouvelle chambre. J'ai la visite d'une de mes collègues de travail. Elle m'offre des chocolats de la part de toute l'équipe. Le coffret est posé sur la petite table de chevet à côté de mon lit. Je ne les vois pas à l'intérieur de la boîte néanmoins, je les déguste avec plaisir et gourmandise. Je suis également incapable de lire leurs messages écrits sur une carte que je distingue vaguement.

Après son départ, je rencontre ma voisine. À mon grand regret, je ne bénéficie malheureusement plus d'une chambre individuelle. Plusieurs membres de sa famille arrivent. Ils sont nombreux et très bruyants. Je suis fatiguée très rapidement. J'ai très chaud et je me sens mal. J'aimerais dormir, cependant je ne le peux pas. Je n'ose pas leur supplier de partir. Je fais appel à une infirmière. Elle m'apporte de l'eau et un linge mouillé afin que je me rafraîchisse un peu mais cela ne me suffit pas. Maintenant, il est indispensable que je me repose et avec leurs présences, c'est impossible. Ils n'ont pas conscience de ma situation.

Avec soulagement, ils finissent par s'en aller, cependant ma voisine parle sans cesse en se répétant. Je ne connais pas sa pathologie, pourtant, je comprends vite que sa mémoire est défaillante. À ce moment précis, je me dis qu'il est sûrement préférable d'être atteinte physiquement comme je le suis dorénavant que d'être atteintes mentalement comme elle l'est et comme je l'étais probablement avant, aussi bien pour nous-mêmes que pour les personnes de notre entourage. Malgré tous mes problèmes physiques actuels, si selon mon intime conviction, je suis réellement guérie psychologiquement, je perçois finalement ma tentative de suicide comme étant une bénédiction venue du ciel. Sans cela, et sans raison apparente, je souffrirais encore intensément moralement. C'est une évidence.

***

Mercredi 4 avril, je me réveille très épuisée. Ma voisine s'est levée presque toutes les heures. Elle s'est agitée toute la nuit. Elle a parlé sans discontinuer. À plusieurs reprises, je lui ai demandé de s'arrêter, en vain. À d'autres moments, je ne lui répondais pas. Elle n'a pas remarqué qu'elle me dérangeait considérablement. Elle n'est certainement pas lucide de ses troubles mentaux. Les malades n'ont pas conscience de la gravité de leur état et des répercussions désastreuses que cela peut engendrer. Alors, j'ai eu tort de penser qu'elle pouvait ainsi se calmer d'elle-même. Pourtant, que dois-je faire ? Certes, j'ai de la compassion. Je suis la mieux placée pour admettre sa détresse. Néanmoins, je ne dois pas en subir les conséquences. Différemment, j'ai besoin de tranquillité. J'informe mon médecin de son comportement nuisible et de mon désir de changer de chambre dès que possible.

Je n'ai plus de déambulateur. La doctoresse m'aide à mettre mon attelle et mes baskets. Elle me tient afin que je puisse faire quelques pas. Elle est contente de mes progrès même s'ils sont minimes.

Par ailleurs, elle me transmet les résultats de mon IRM cérébrale. Aucune anomalie n'a été décelée. Je suis heureuse. Je garde toujours espoir de retrouver ma vue dans l'avenir. Si mon nerf optique avait été abîmé, mes séquelles visuelles auraient été irréversibles. À la suite de ce bilan positif, l'origine de mon déficit visuel n'est pas encore déterminée. Des examens ophtalmologiques approfondis sont ainsi prévus le 10 avril.

En revanche, aujourd'hui, théoriquement, je devrais avoir l'explication de ma paralysie de ma jambe gauche, car je dois passer un électromyogramme des membres inférieurs.

Un brancardier vient me chercher. Et, comme pour mon IRM, je me promène une nouvelle fois dans les nombreux couloirs de l'hôpital sans bouger de mon lit.

Effectivement, les résultats sont immédiats et ils ne sont pas réjouissants. Ils mettent en évidence une atteinte tronculaire haute très sévère du nerf sciatique avec dénervation motrice et sensitive complète au niveau de la jambe gauche. Le nerf sciatique a été très fortement comprimé lorsque je suis restée plus de soixante-dix heures sur mon lit inconsciente sur mon côté gauche. En conclusion, selon le neurologue, je ne remarcherai jamais plus normalement. Je pourrai peut-être compter sur une éventuelle évolution mais en aucun cas sur une récupération totale. Un E.M.G. de contrôle devra être réalisé dans plusieurs mois pour confirmer ce diagnostic.

Je retourne dans ma chambre. Mon père arrive. Il m'amène un petit poste de radio, dans l'intention de m'occuper un peu lorsque je ne dors pas, puisque je ne peux ni lire et ni regarder la télévision. Je ne vois pas les boutons du transistor. Avec mon doigt, il m'indique leurs positions. J'essaye de les mémoriser par le toucher. Je suis bien obligée de m'adapter progressivement autrement. Il est impératif que je me débrouille seule. Ensuite, je le place sur ma petite tablette. Rien n'est posé sans que je le sache. Je dois être capable de prendre mes affaires moi-même dès que je le souhaite. Je me repère mieux. Je mémorise tout. Mes gestes sont devenus très lents. Ainsi, grâce à mon calme, ma persévérance et ma patience, extraordinairement, je n'ai encore rien fait tomber.

On m'apporte mon dîner. Mon père est à mes côtés. Intrigué, il me demande pourquoi je ne mange pas les deux kiwis. Je pensais avoir fini mon repas. Je ne les ai pas vus, tout simplement. Il enlève la peau. Je ne peux malheureusement pas le faire. S'il n'avait pas été là. Je n'aurais peut-être jamais su que j'avais des kiwis en dessert et le plateau aurait été récupéré probablement sans que je les mange. Je me rends compte alors qu'il est indispensable, dans l'avenir, que je sache précisément le contenu de celui-ci.

***

Ma requête auprès de mon médecin a été prise en considération. Dès le lendemain, je suis transférée dans une nouvelle chambre. J'espère, cette fois-ci, que ma future voisine sera calme pour ainsi me reposer paisiblement. En attendant, je profite de ces instants de solitude et de paix. Parfois, J'allume la radio. Je n'ai pas oublié l'emplacement des touches. Cependant, je l'éteins après quelques minutes. Le bruit de la musique m'épuise très vite. J'ai rapidement besoin de silence.

Dans la soirée, une jeune fille presque endormie est amenée dans l'autre lit. Je ne connais pas la cause de son entrée dans le service psychiatrique mais elle paraît très fatiguée. Je ne peux m'empêcher d'imaginer le motif qui l'a conduite jusqu'ici. Elle ne désire pas me le communiquer. J'approuve sa décision et je n'insiste pas. A-t-elle fait une tentative de suicide ? C'est une hypothèse parmi tant d'autres. Ce passage à l'acte est généralement perçu comme étant un geste impardonnable et incompréhensible, ce qui nous amène souvent à cacher la vérité. Il ne faut pourtant pas en avoir honte. Néanmoins, la plupart du temps, il est en effet préférable de ne pas en parler. Une étiquette est très vite collée au-dessus de notre tête définitivement sans être forcément compris comme on souhaiterait l'être et comme on devrait l'être aussi. Une personne dite « saine » ne peut pas raisonner comme une personne dite « malade » et vice versa. Peu importe finalement la raison de son hospitalisation. Tout comme moi, elle a besoin de silence et de calme. Ce qui me satisfait pleinement. La cohabitation se passe cette fois-ci à merveille.

Sa télévision est régulièrement branchée. Cela ne m'importune pas. Je ne l'entends pas. Elle a des écouteurs. Je ne vois évidemment pas les images. Je discerne uniquement au loin quelques rayons lumineux insignifiants.

***

Je parviens maintenant à mettre mon attelle, devenue indispensable, et mes baskets. Je réalise mes premiers pas seule. Bien entendu, je prends appui sur les rebords de mon lit et contre les murs.

Je remonte dans le passé, lorsque mes enfants ont marché pour la première fois. J'étais aussi admirative par leur évolution que par la mienne aujourd'hui. Je dois tout réapprendre. Même les gestes les plus simples et automatiques ne le sont plus.

Des cabines de douche se trouvent à l'étage. Cependant, il m'est impossible d'y accéder seule. Néanmoins, je peux me déplacer aux toilettes et me laver au lavabo de notre petite salle de bains.

***

Ma fille vient pour la troisième fois, en compagnie de ma mère cette fois-ci. Elles m'apportent des vêtements. Je suis actuellement vêtue d'un pyjama bleu fourni par l'hôpital. Et, les habits que je portais à mon arrivée ont été découpés pendant qu'on me réanimait. De ce fait, ils me seront utiles lors de mon transfert à la clinique « Lyon lumière » à Meyzieu, prévu le 11 avril.

Elles ont amené aussi un sèche-cheveux et des brosses. Mes cheveux n'ont pas été shampooinés depuis presque dix jours. J'étais en réanimation à ce moment-là. Le personnel soignant était plus présent et plus attentif à certains soins. En principe, en service psychiatrie, les patients sont principalement atteints psychologiquement. Par conséquent, majoritairement, ils ne sont pas dépendants physiquement comme je le suis.

Ma fille essaye tant bien que mal, de me laver les cheveux au lavabo. Elle utilise une carafe d'eau. C'est assez compliqué, mais une fois terminé, je me sens renaître. Avant qu'elles ne partent et avec l'aide de ma mère, je continue mon apprentissage de la marche. Je m'aventure doucement dans les couloirs.

Après leur départ, deux collègues de travail viennent avec des hamburgers. Quelle bonne idée ! Cela varie des repas de l'hôpital. Depuis que mes cheveux sont propres, j'ai constaté par le toucher, la présence d'une croûte étrange sur ma tête. Je leur soumets mon inquiétude et je leur montre. Selon elles, c'est probablement une brûlure causée par un examen médical effectué lorsque j'étais encore dans le coma et qui guérira spontanément puis disparaîtra complètement avec le temps. Je suis rassurée et je ne m'alarme pas davantage.

À la fin de cette journée chargée, épuisante mais très agréable, je me repose enfin. L'ambiance est ainsi devenue paisible. Ma voisine est toujours aussi calme. Nous nous entendons très bien.

***

Mardi 10 avril, Une aide-soignante entre dans ma chambre. Je sors de mon lit. Elle m'installe sur une chaise roulante et me conduit dans le service d'ophtalmologie de l'hôpital afin de passer des examens complémentaires.

Je commence par le champ visuel, examen qui analyse notre champ de vision et qui détermine précisément ce que nous sommes en mesure de voir. Je clique sur un bouton dès que je vois un point lumineux apparaître. Les quelques points que j'aperçois se situent uniquement à la périphérie. Je ne visualise rien au niveau central.

Ensuite, on me laisse dans une salle d'attente. Un OCT est prévu avant de rencontrer l'ophtalmologue. Les clichés obtenus avec cet appareil permettent l'analyse des atteintes de la macula, des vaisseaux rétiniens et du nerf optique.

Je suis toujours assise sur ma chaise roulante. Je ne peux pas bouger. Après plus d'une heure d'attente, je suis exténuée. À la suite de ma demande, une secrétaire m'aide à marcher dans le couloir puis m'amène dans une salle plus tranquille. Je m'allonge sur le divan en attendant mon tour.

Une fois cet examen réalisé. Les résultats montrent, en effet, une atrophie importante rétinienne centrale. Les photorécepteurs sont également fortement abîmés. Mon acuité visuelle n'est que de 1/20 seulement aux deux yeux.

L'ophtalmologue ne pense pas que je puisse récupérer ma vue dans l'avenir. Les lésions sont trop graves. Toutefois, un autre rendez-vous, cette fois-ci, à l'hôpital neurologique, est programmé pour le 27 avril pour confirmer ce diagnostic catastrophique.

***

Je remonte dans ma chambre. Je me pose toujours la même question. Si, selon les médecins, il n'y a aucun espoir, alors pourquoi ai-je reçu un message de mes anges gardiens aussi puissant indiquant le contraire ?

J'ai l'intime conviction qu'une solution est encore possible mais laquelle ? Je ne sais pas. Quoi qu'il en soit, je ne renoncerai pas. Je suis formellement décidée à me battre jusqu'au bout pour la trouver. Je fais confiance à mon intuition et à mes protecteurs. Ils me conduiront forcément dans la bonne direction. La route sera peut-être longue et sinueuse mais ils m'aideront à emprunter le bon chemin. Je le pense et surtout je l'espère.

***

Je sais que dorénavant, j'ai des lésions très importantes au niveau de mes rétines et de mon nerf sciatique. En revanche, aucun médecin n'est capable de m'indiquer la raison pour laquelle je me sens différente et mieux intérieurement. On ne peut certainement pas demander, même pas à un médecin de comprendre l'inexplicable. Je n'ai pas l'explication moi-même.

Il faut savoir aussi qu'après mes nombreuses tentatives de suicide, j'étais également à chaque fois volontaire. Je voulais m'en sortir. Je me soignais, et pourtant je replongeais quelque temps après. Alors, ils ont des doutes maintenant. C'est compréhensif. Il est difficile d'envisager et d'admettre qu'on puisse guérir naturellement et miraculeusement.

Demain, après un mois d'hospitalisation, je vais quitter définitivement l'hôpital Edouard Herriot. À mon arrivée en réanimation, le 12 mars à 13 h, il a été rapporté que j'étais dans le coma Glasgow 3, en hypothermie. Mon corps était à 24 °C, avec bradycardie sévère, présentant des défaillances multiviscérales, hémodynamique, respiratoire, neurologique et rénale. Alors, c'est une chance ou plutôt un miracle de sortir de cet endroit vivante, même dans mon état de dépendance presque totale.

Je suis désormais prête à partir. Prête à poursuivre ma convalescence à la clinique « Lyon lumière ».

Chapitre 3
Convalescence

Mercredi 11 avril, je suis transférée à la clinique psychiatrique de Meyzieu. À mon arrivée, je suis accueillie chaleureusement. Une employée de l'établissement m'assoit dans le hall d'entrée. Puis, une aide-soignante vient me chercher. Elle me tient et me guide.

Ma chambre est au premier étage. Nous empruntons l'ascenseur. À la sortie, se trouve un grand salon composé de tables et de fauteuils, avec en face, la salle consacrée au personnel soignant. Je rencontre les infirmières brièvement. Ensuite, nous entrons dans ma chambre. Elle paraît spacieuse et très claire. Ce qui me ravit fortement, car même si tout reste très flou, il me semble que je vois légèrement mieux. Et, tout ce qui peut m'aider à améliorer mon champ de vision, comme la lumière, est loin d'être négligeable. Je dirais même que c'est devenu indispensable.

Toujours avec mon attelle, je parviens à me déplacer seule dans ma chambre en m'appuyant contre le lit, les meubles et les murs. Je prends ainsi mes nouveaux repères.

Il y a une salle de bain équipée d'une douche. Une télévision est posée sur la grande table en face de mon lit. Un téléphone est également à ma disposition. Je suis contente puisque je ne peux plus utiliser mon portable désormais. Je suis incapable de visualiser les touches, de consulter mon répertoire et de lire mes éventuels messages.

Une fois confortablement installée, j'éprouve le besoin de téléphoner. Ce que je n'ai pas pu faire jusqu'à ce jour. Je me rappelle uniquement le numéro de mon travail. Avec le progrès, nous enregistrons tout dans notre téléphone portable. Mais, lorsque nous perdons la vue brutalement, tous les écrits deviennent alors inaccessibles et nous nous trouvons désorientés. Rien ne remplace notre mémoire. Il est ainsi important d'apprendre, de mémoriser et de retenir un maximum d'informations.

Je prends ma torche dans une main avec laquelle j'éclaire les touches du téléphone. Avec l'autre main, je compose le numéro de mon travail. Une collègue me répond. Je suis émue. Je parle ensuite longuement avec mon P.D.G. Je lui donne enfin de mes nouvelles de vive voix. Il était en relation avec mon père jusqu'à présent. Une fois terminée, je renouvelle cette opération. Je téléphone cette fois-ci à mon père. Ma collègue m'a communiqué son numéro, étant donné que je ne m'en souviens pas. Je l'informe que je suis bien arrivée à la clinique et que je m'adapte à mon nouvel environnement tranquillement.

Puis, fatiguée, je m'allonge sur mon lit et je me repose.

***

Une aide-soignante m'apporte mon premier repas. Elle pose le plateau sur la table, à côté de la télévision. Elle connaît mon problème visuel et prend ainsi le temps de m'expliquer clairement le contenu de celui-ci. Lorsque j'étais à l'hôpital, je me rappelle les kiwis que je ne voyais pas. Alors, j'apprécie beaucoup cette initiative. Je profite de sa présence pour faire plus ample connaissance. Ensuite, Je lui demande d'allumer la télévision et de m'indiquer où se trouvent les touches de la télécommande. Ainsi par le toucher, je les repère et je les mémorise. Je ne visualise pas distinctement les images à l'écran. Néanmoins, cela ne m'empêche pas d'écouter les chaînes musicales et de suivre certaines émissions documentaires. De ce fait, je dois savoir l'allumer, l'éteindre et changer de chaînes. Je n'ai pas le choix. Dorénavant, je dois m'habituer à ma nouvelle situation et évoluer progressivement avec mes handicaps visuels et moteurs.

Puis, elle part, et une fois mon repas terminé, je me repose de nouveau sur mon lit car je m'épuise toujours très vite.

***

La porte s'ouvre, mon psychiatre pénètre énergiquement dans ma chambre. Nous discutons longuement. Je tiens de nouveau le même discours que j'ai tenu auparavant avec mes psychiatres de l'hôpital Edouard Herriot. Et, pour la première fois, un médecin est enfin capable de me comprendre, de me croire et d'élucider mon mystère qui par conséquent tout à coup ne l'est plus. Sa réponse est tout à fait plausible et cohérente. Je sais maintenant pourquoi je me sens complètement différente depuis mon « comeback ». Elle me précise qu'après un coma, les neurones peuvent se reconnecter entre eux. Notre humeur peut se métamorphoser et ainsi on est guéri de nos troubles psychiques. Toutefois, elle souhaite rester prudente du fait de la rareté de ce phénomène. Mon traitement doit être maintenu. Et lors de nos futurs entretiens, par une psychothérapie, nous essayerons de comprendre ensemble ce qui m'a amenée à un tel geste de désespoir. Puis, elle confirmera ou non cette guérison tant espérée et surtout tant inattendue.

Par ailleurs, elle est parfaitement consciente de mes problèmes physiques importants désormais. Elle sera aussi présente et mettra en place tous les moyens nécessaires dont j'ai besoin à mon adaptation et à ma rééducation. Elle va ainsi me commander un déambulateur afin que je puisse me déplacer un peu mieux seule dans les couloirs et dehors, dans l'immense jardin de la clinique. Elle va également solliciter plusieurs fois par semaine l'intervention d'un kinésithérapeute. Avant de quitter ma chambre, elle me rappelle mon prochain rendez-vous avec un ophtalmologue à l'hôpital neurologique le 27 avril.

Après son départ, allongée sur mon lit, je ne cesse de penser. Je suis à la fois ravie, et étonnée. Étonnée qu'on puisse guérir d'un état dépressif grave spontanément, magiquement. Je savais que je ne rêvais pas. Mon humeur a bien changé. C'est bien réel. Je n'ai plus aucune angoisse et plus aucune idée noire. Je ris constamment. Ma psychiatre préfère effectivement pour l'instant rester prudente, du fait de la rareté de ce phénomène. Mais, pourquoi redeviendrais-je comme avant ? À la suite de ses explications, je n'ai aucun doute. J'ai bien subi une transformation radicale intérieurement. Je suis devenue une autre personne. Les neurones se sont indéniablement reconnectés entre eux. Cependant, je pense plutôt que mon âme, en réintégrant mon corps physique, a oublié la femme que j'étais avec mes souffrances psychologiques. Pendant mon coma, les anges gardiens avec lesquels j'ai été en contact et qui m'ont aidée à revenir parmi le monde des vivants m'offrent ainsi un nouveau départ et une nouvelle chance. Une question se pose pourtant. Si nous sommes des esprits avant d'intégrer notre corps à notre naissance puis de nouveau esprit après notre mort physique comme je l'imagine, et, si nous choisissons une vie plutôt qu'une autre pour l'évolution de notre âme, est-il possible bien avant ma naissance que cet incident de parcours ait été programmé ou s'agit-il d'une sortie de route tout simplement ? J'ai l'impression que les évènements devaient se passer de la sorte. Je ne sais pas ce que me réserve l'avenir. Il arrivera ce qu'il doit arriver. En tout cas, ma mort n'était pas prévue au programme. Plus je réfléchis, plus je me dis que je devrais être morte aujourd'hui. Vivre un miracle est peu ordinaire mais vivre un deuxième en même temps est encore plus incroyable. Non seulement je suis en vie mais je suis guérie de ma dépression, de mes angoisses, de mes phobies et de mes idées suicidaires. Même si cela fait pour l'instant qu'un mois, vous ne pouvez pas imaginer le bien-être que je ressens depuis toutes ces années passées dans la souffrance. Mon âme est libérée. Je peux être qu'euphorique malgré mes handicaps. Il est fort probable qu'il soit écrit que je resterai diminuer physiquement. Si tel est le cas, ce n'est pas une fin en soi. Mes handicaps me permettront d'évoluer différemment et d'accomplir d'autres expériences importantes. Sinon, je le sais, on ne m'aurait pas ramenée à la vie. Je dois m'en servir comme une force et non comme une faiblesse. Je garderai toujours espoir et volonté. Toutefois, le plus difficile sera de rassurer mes proches. Comment peuvent-ils supposer que je sois totalement guérie avec tout ce que j'ai enduré et tout ce que je leur ai fait aussi endurer ? Peuvent-ils le comprendre et l'admettre avec le temps ? Je l'espère.

Ainsi, les quelques rares personnes qui ont changé d'humeur après un coma ont-elles ressenti ce que j'ai ressenti, Ont-elles aussi frôlé la mort ? Ont-elles vécu une décorporation ? Leur esprit a-t-il été en contact avec ceux de l'au-delà ?

***

Je téléphone enfin à mon fils. Sa journée d'école est finie. Cela fait maintenant plus d'un mois que je n'ai pas entendu le son de sa voix, alors je suis heureuse de lui parler. Il ne connaît toujours pas la vérité. Afin de le protéger, il croit que je suis uniquement très fatiguée. Mais, il me pose une question très surprenante. Il me demande si j'ai bien fait une tentative de suicide. Finalement, à quoi cela sert-il de se taire, si de toute manière, il apprend une partie de la réalité par d'autres personnes ? Je ne nie pas les faits, pourtant je reste évasive. En revanche, je ne lui informe pas de mes séquelles physiques. Je ne lui dis pas que je ne vois pratiquement plus rien et que je marche désormais très difficilement. Je ne souhaite pas l'inquiéter davantage. Il est préférable d'attendre ce week-end lorsqu'il viendra me rendre visite. Il se pose déjà beaucoup trop de questions.

La porte s'ouvre. C'est mon père. Il m'amène des bouteilles de Coca-Cola light. J'en ai envie depuis si longtemps, depuis mon réveil en réanimation. Il m'apporte aussi un jeu de tarot, celui de mon grand-père. Il sait à quel point je suis passionnée par ce jeu. Je regarde les différentes cartes à la lumière du jour et avec ma torche. Je repère les couleurs, mais pour l'instant, il m'est impossible de les visualiser correctement et précisément. Je comprends alors que, si dans l'avenir je veux rejouer, il est indispensable que ma vue s'améliore ou alors que je trouve un moyen de les distinguer avec le temps.

Après son départ, le dîner est servi. Une fois terminé, et après cette journée bien remplie, agréable et enrichissante, je me couche et je ne tarde pas à m'endormir.

***

Première nuit passée. On me réveille avec le petit-déjeuner. L'aide-soignante pose le plateau sur la table. Je me lève. Je déjeune puis je retourne dans mon lit. J'ai toujours autant besoin de repos. Je dors encore beaucoup. Je me fatigue très rapidement. Tous mes organes ont été affectés, je ne peux pas l'oublier. La route risque d'être très longue et sinueuse, étant donné mes lourdes séquelles, cependant je pense constamment et je sais que j'irai mieux dans l'avenir. Tout en restant le plus possible à l'écoute de mon corps, je ne cesserai jamais de me battre et de faire des efforts jusqu'au bout de mes possibilités. Mais pour l'instant, les journées passent et se ressemblent. Je me repose et je dors. De toute façon, je ne tiens pas suffisamment bien et longtemps debout.

***

Une aide-soignante arrive avec un flexible et un pommeau de douche. Elle branche le tuyau au robinet du lavabo. Quelle organisation réfléchie et pratique ! Elle m'installe sur une chaise en plastique et m'aide ainsi à me laver. Je savoure ma première douche, même si je ne peux pas encore me débrouiller seule. Je ne suis pas dans cette eau bleue et limpide qui me transportait tant dans mes rêves, néanmoins quel immense bonheur de recevoir toute cette quantité d'eau chaude sur tout mon corps. Ce jet d'eau me procure du plaisir que j'avais oublié de ressentir depuis longtemps. Une fois lavée, habillée, prête pour la journée, elle repart et je m'allonge sur mon lit. J'allume la télévision. J'écoute la musique en attendant qu'on m'amène mon repas.

Dans l'après-midi, mon psychiatre m'apporte un déambulateur. Puis avec, je m'aventure lentement dans les couloirs. J'interromps rapidement ces quelques pas et je m'assois parmi les autres patients, sur un fauteuil dans le hall d'entrée. J'engage la conversation. Nous parlons de nos contrariétés, de nos ennuis et de nos perturbations qui nous ont amenés dans cette clinique. Pour la majorité d'entre eux, ils viennent régulièrement. Ils vont mieux, du moins ils le croient. Ils rentrent chez eux lorsque leur mutuelle ne prend plus en charge les frais d'hospitalisation et forcément, peu de temps après ils rechutent car rien n'a changé, ni dans leur vie et ni dans leur tête. Ils sont confrontés aux mêmes difficultés qu'auparavant. Ils ne s'adaptent pas mieux aux problèmes quotidiens de la vie réelle et ainsi ils reviennent. La clinique est un lieu de protection. Bien encadrés, nous nous échappons de nos soucis. Les angoisses s'atténuent, voire disparaissent pendant un certain temps, uniquement le temps de cet isolement.

Même s'ils n'ont pas essayé de mettre fin à leurs jours comme je l'ai fait à plusieurs reprises, ils sont tous atteints mentalement et aspirés dans une spirale infernale et sans fin comme je l'ai été. Certains sont dépressifs et d'autres ont des troubles obsessionnels compulsifs importants. Je peux être que compréhensive à leur égard. Je commence à comprendre qu'une complète guérison est peu probable. Toutefois, il faut différencier une simple déprime d'une profonde pathologie mentale. Avec de la patience et de la volonté, on peut surmonter une simple dépression passagère mais pas un trouble psychique grave installé depuis de longues années. Une fois que nous sommes totalement déconnectés de la réalité, la reconnexion reste très difficile, voire impossible. Les traitements et les thérapies diminuent les angoisses et les idées noires temporairement, cependant ils ne guérissent pas complètement et définitivement de ces troubles.

Je ne leur dis pas. Ils doivent continuer d'espérer. Pour autant, je ne me cache pas d'évoquer qu'en ce qui me concerne, j'ai fait une grave tentative de suicide et que depuis, j'ai de sérieuses séquelles physiques. Je pense toujours être guérie sur le plan psychologique, néanmoins, je souhaite les dissuader de faire ce que j'ai fait même si je sais aussi que lorsqu'on souhaite vraiment mettre fin à ses jours, on ne peut pas nous en empêcher.

Ayant vécu les mêmes déséquilibres psychiques qu'eux, et maintenant que miraculeusement je suis reconnectée, qui peut mieux les comprendre que moi ? Par conséquent, j'estime être en mesure de me mettre réellement à leur place, plus que n'importe qui d'autre. Un malade ne peut pas aider les autres « malades » puisqu'il est lui-même en totale souffrance et a lui-même besoin d'assistance. Une personne « saine » et équilibrée, même avec toute la bonne volonté, ne peut pas savoir ce qui se produit exactement dans la tête d'une personne dépressive et angoissée. Elle ne ressent pas les mêmes choses. Elle n'a pas les mêmes réactions face aux évènements puisque ces derniers leur sont toujours perçus négativement. Leur vie ressemble à un ciel essentiellement constitué de nuages noirs. Les dépressifs ne voient que les nuages sans même regarder ne serait-ce qu'un petit peu la lueur bleue du ciel. Et, personne n'est capable de transformer radicalement leurs pensées.

Je ne suis ni psychiatre ni psychologue. Je n'ai aucune connaissance médicale et théorique, cependant, il me semble que je peux être utile et complémentaire. Alors, s'il m'est possible de leur apporter un petit rayon de soleil, même un tout petit instant, je le ferais bien évidemment.

En effet, qui peut mieux en parler que moi ? Je suis consciente que si aujourd'hui, je n'étais pas métamorphosée comme je le suppose être, je serais anéantie par ma situation actuelle. Je m'apitoierais probablement sur mon triste sort et je me positionnerais toujours en victime. Mais, il n'en est rien. Je me sens très bien, malgré mes handicaps et ma perte d'autonomie. Est-ce logique ?

Et ce n'est certainement pas dû au hasard si je suis encore en vie. Il est nécessaire que j'analyse profondément et que je déchiffre les messages de mes anges gardiens. Pourquoi m'ont-ils choisi ? Que dois-je accomplir de si important dans l'avenir ? Qu'attend-on de moi ? Il y a forcément une explication, surtout si je dois rester handicapée. Dans une autre dimension, peut-être qu'il a été décidé de me priver de ma vue car jusqu'à présent, je ne voyais pas ce qui était évident à voir, et de m'empêcher de marcher normalement car je ne m'orientais pas non plus dans la bonne direction. Je ne sais pas. Je m'interroge. Quelle femme suis-je devenue ? Et pourquoi ?

Les faits sont encore trop récents pour résoudre cette énigme. Et, en attendant de trouver des réponses, si bien entendu, un jour je parviens à percer ces nombreux mystères, il est indispensable que je prenne soin de moi avant de me préoccuper d'autrui. Certes, je me sens forte intérieurement comme si j'avais une armure autour de moi mais physiquement je n'ai pas d'autres choix, je suis encore très faible.

Par ailleurs, je me découvre si différente. Mes réactions ont tellement changé, qu'il est primordial également de savoir à quel moment j'ai dérapé et surtout pourquoi je me suis perdue comme je me suis autant perdue. Je ne souhaite en aucun cas redevenir celle que j'étais. Mes entretiens avec mon psychiatre m'éclaireront certainement. Je ne peux qu'évoluer positivement et durablement.

Toujours assise dans le hall d'entrée, la porte de l'ascenseur s'ouvre. Je reconnais le bruit si particulier des clés que fait mon père en les tenant dans sa main. Je ne le vois pas, pourtant je sais qu'il est là et qu'il s'approche de moi. Je suis devenue très sensible à ces détails auxquels on ne prête pas attention ordinairement. En sa présence, j'abandonne mes nouveaux amis et je retourne dans ma chambre.

***

Samedi 14 avril, on frappe à la porte. Je suis émue et heureuse. C'est mon fils. Il est venu avec ma fille et ma mère. Ses premiers mots resteront gravés dans ma mémoire. Il détecte immédiatement mes troubles visuels, car avant même d'entrer dans ma chambre, et avant même que je lui parle, il me demande pourquoi je le regarde aussi étrangement. Maintenant qu'il se trouve en face de moi, je lui explique enfin la situation. Après notre discussion, nous décidons tous ensemble de descendre dans le jardin et de visiter les parties communes de la clinique au rez-de-chaussée. Seule, je ne quitte pas encore le premier étage. Nous prenons l'ascenseur et j'essaye de repérer les boutons avec ma torche. La clinique paraît très vaste, moderne et agréable. Mes enfants jouent au baby-foot pendant que je me repose sur le canapé du petit salon. Puis, nous marchons un peu dans l'immense jardin. Il fait beau. J'imagine que le ciel est bleu, pourtant je le vois tout blanc. Je suis déjà fatiguée, après quelques minutes debout. Il m'est encore très difficile de mettre un pied devant l'autre. Mais, je sais qu'il est nécessaire que je marche régulièrement et un peu plus chaque jour.

Ils doivent déjà partir, néanmoins, ils reviendront samedi prochain.

***

Les jours défilent et se ressemblent. Après mon petit-déjeuner, je retourne dans mon lit. J'attends paisiblement qu'une aide-soignante soit disponible. J'ai encore besoin d'aide pour me laver. Puis, je m'allonge de nouveau. J'allume la télévision et j'écoute de la musique. Le temps s'écoule très vite. Il est déjà midi. On m'apporte mon repas. Ensuite, je m'assoupis. Puis, lorsque je suis un peu moins fatiguée, je sors de ma chambre rejoindre mes amies dans le hall d'entrée. Mon père vient presque chaque jour et je profite ainsi de sa présence afin de marcher dans le jardin lorsque le temps le permet. Ma vision ne change pas. Le ciel paraît toujours aussi blanc et les fleurs sont toujours aussi floues. Je les aperçois seulement. Je ne suis pas pour autant plongée dans le noir absolu, alors l'espoir de revoir comme avant ne me quitte pas.

Mon médecin vient fréquemment me voir. Je l'identifie au bruit singulier de ses talons. Nous discutons aussi bien de mes handicaps, de ma situation actuelle, que de mes anciens problèmes psychologiques. Étant psychiatre, son objectif est d'analyser ce qui a bien pu provoquer mon état dépressif et mes nombreux gestes de désespoir. La façon dont elle aborde ma psychothérapie est très intéressante et constructive. Elle ne met jamais ma parole en doute lorsque je lui indique et lorsque je lui répète que je ne me sens plus la même désormais. On parle du présent et on remonte progressivement dans le passé. Nous étudions aussi bien mon parcours familial que ma vie professionnelle. Selon elle, j'étais bipolaire ou maniaco-dépressive. Les troubles bipolaires sont des troubles chroniques de l'humeur. Il s'avère qu'à certains moments, malgré mes angoisses et mon mal-être perpétuel, j'alternais entre phases euphoriques et phases de dépression. Mes phobies étaient aussi plus prononcées et plus handicapantes à certaines périodes qu'à d'autres. La bipolarité peut-être d'origine génétique, psychologique et environnementale. Toute situation de stress, un traumatisme, des chocs émotionnels, un deuil, des conflits affectifs peuvent constituer une situation de vulnérabilité.

Les questions que me posent mon médecin et les réponses que je lui apporte me conduisent dans le même temps à faire mon autopsychanalyse. Maintenant que je me suis jamais sentie aussi bien, je me rends compte réellement que mon cas était très désespéré et désespérant et qu'à ce moment-là, aucun soin médical, médicamenteux et aucune thérapie comportementale et cognitive auraient pu me guérir. J'analyse en même temps que mon psychiatre, les divers éléments environnementaux qui m'ont entraînée dans cet état de mal-être. Je pourrais me positionner en victime, ce que nous avons tendance à faire lorsqu'on est totalement déconnecté de la réalité, pour autant, il n'en est rien. Je cherche juste à comprendre pourquoi j'ai vécu ce que j'ai vécu, pourquoi j'étais celle que j'étais pour ainsi évoluer dans la bonne direction sans en vouloir à qui que ce soit.

Toutes réactions différentes entraînent des situations différentes. Nos comportements et nos choix déterminent la plupart du temps ce que nous vivons et ce que nous sommes. Je pense que nous récoltons généralement ce que nous semons. De ce fait, J'aimerais savoir pourquoi j'ai eu certaines réactions plutôt que d'autres. Je dois comprendre pourquoi j'ai semé ce que j'ai semé afin de savoir pourquoi j'ai récolté ce que j'ai récolté. Je suis maintenant consciente que si je n'avais pas été mal dans ma tête comme je l'ai été, j'aurais eu probablement d'autres réactions. J'aurais agi autrement, donc forcément, il y aurait eu des modifications dans ma vie. Cependant, je n'éprouve aucun regret. Je devais vivre ce que j'ai vécu pour devenir celle que je suis devenue aujourd'hui, et même si je dois rester avec de lourdes séquelles, le négatif s'est transformé par une baguette magique en positif. Je ne vois que le soleil, que le ciel bleu. Tous mes soucis ont disparu. Je rigole et je souris constamment. Je ne sais plus ce qui est la fatalité. Tout me paraît d'une légèreté désormais. Je m'étonne moi-même de penser ce que je pense. C'est pourquoi mon médecin craint que je sois dès à présent indifférente à tout ce qui m'entoure et à tout ce qui m'arrive. Pourtant, Je ne le crois pas. Il me semble que je suis toujours aussi sensible qu'auparavant mais en étant tout simplement complètement métamorphosée.

Comme chaque après-midi, entourée d'autres patients, je reste un petit moment assise sur un fauteuil du hall d'entrée et nous dialoguons ensemble. Instinctivement, je touche mon crâne au niveau de ma « brûlure » éventuelle. Tout à coup, je ressens un liquide sur ma main. Je m'inquiète et je m'interroge. Ma plaie s'est probablement infectée. Comme je ne peux pas constater par moi-même la nature de ce liquide anormal, je demande à une de mes amies, assise à côté de moi, si je saigne. Elle me répond que ce n'est pas du sang, mais par prudence, je préfère montrer ma tête à une infirmière. Elle regarde et elle désinfecte la lésion. Momentanément rassurée, je retourne dans ma chambre.

Le lendemain matin, à mon réveil, je remarque que mon oreiller est mouillé ainsi que mon crâne. J'appelle immédiatement une infirmière. Cette fois-ci, elle paraît plus préoccupée que la veille. Je dois consulter un médecin généraliste très rapidement. Après plusieurs heures d'attente, un docteur arrive. J'ai une escarre. Il m'explique que c'est une nécrose de la peau qui apparaît aux endroits de pression lorsqu'une personne reste trop longtemps alitée, ce qui est effectivement mon cas. Il ne me manquait plus que ça, comme si je n'avais pas encore suffisamment de pathologie actuellement. Il informe les infirmières de mes soins quotidiens nécessaires jusqu'à complète guérison, puis il s'en va.

Dès son départ, une infirmière me coupe les cheveux à l'endroit de mon escarre. Elle me soigne et protège ma plaie avec un pansement, mais il se décolle dès que je m'allonge sur mon lit, alors elle coupe un morceau de bas en résille que je mets autour de ma tête afin que le pansement puisse tenir. Ce n'est ni esthétique et ni confortable, cependant c'est la seule solution que nous ayons trouvée.

Finalement, lorsque j'étais à L'hôpital Edouard Herriot, ce que nous supposions, mes collègues et moi, être une simple brûlure anodine et qui disparaîtrait avec le temps s'est transformée en une blessure plus grave. Je ne savais pas qu'un tel phénomène pouvait exister.

***

Vendredi 27 avril, J'ai enfin rendez-vous avec un ophtalmologue à l'hôpital neurologique de Bron. Je suis à la fois sereine et inquiète. Inquiète, car jusqu'à présent aucune solution de guérison n'a été suggérée, mais sereine, car j'ai toujours autant d'espoir. C'est inexplicable et pourtant, je ressens constamment que je reverrai mieux dans l'avenir. Peut-être et je l'espère, qu'à la suite de cette consultation que j'attends avec impatience tout va changer favorablement.

Mon père m'accompagne. Un taxi vient nous chercher. Il pleut. J'imagine que je suis à la place du chauffeur et que je conduis. Je ne vois pas correctement la route. Tout est flou. Je suis consciente que si ma vue ne s'améliore pas, je ne pourrai jamais reconduire. Ma vie sera en effet totalement chamboulée. Elle ne sera pas inutile pour autant, sinon je le sais, je ne serais plus là.

Une fois mes examens ophtalmologiques effectués, très vite mes espoirs se sont envolés. J'ai toujours un vingtième aux deux yeux. Mon acuité visuelle est parfaitement expliquée par des lésions rétiniennes centrales à type d'atrophie avec dépôts ressemblant à de la lipofuscine, certainement d'origine toxique. Le médecin a été très pessimiste. Les photorécepteurs sont trop atteints et aucun traitement existe. Non seulement aucune récupération n'est possible, mais une aggravation est même apparemment envisageable.

Sur le chemin du retour, abasourdis, nous sommes très silencieux. Mon père est autant déçu que moi par ces conclusions catastrophiques et désespérées.

Il part rapidement après notre arrivée à la clinique. Je reste dans ma chambre. Je désire être seule. Je m'allonge sur mon lit et je pense. Mais que dois-je penser ? C'est la première fois depuis mon réveil du coma que je verse quelques larmes. Serait-il donc probable que j'ai mal interprété les messages de mes anges gardiens ? Dans ce cas-là, que me réservent-ils pour mon avenir si je dois être dépendante des autres ? Si je ne peux plus ni conduire ni travailler ? Je suis actuellement incapable de voir un écran d'ordinateur. Je ne parviens pas à me débrouiller seule. Comment pourrais-je m'occuper de mes enfants ? Cuisiner ? J'aperçois à peine les aliments qui se trouvent dans mon assiette.

Difficile à admettre et à croire, pourtant je commence à douter. Dois-je abandonner tout espoir de guérison ? Dois-je plutôt envisager de chercher des solutions permanentes d'adaptation à mon déficit visuel ainsi qu'à mon handicap moteur ?

Pour l'instant, tout est facile. À la clinique, on s'occupe bien de moi. Je suis dans un cocon. Je ne fais rien. De toute façon, je ne peux rien faire. Mon organisme est toujours aussi affaibli. Mais ensuite, qu'en sera-t-il ? Pourrais-je revivre seule dans mon appartement ? Dans l'immédiat, ce n'est pas envisageable.

Samedi 28 avril, je me lève de nouveau combative, comme si ma consultation ophtalmologique de la veille n'avait pas eu lieu. Dans un sens, si je veux avancer positivement, je préfère oublier ce que j'ai entendu. Avec mes parents, nous souhaitons poursuivre les recherches. Nous ne pouvons pas et nous ne voulons pas nous contenter d'accepter ce diagnostic tant désastreux. Mon père s'est renseigné auprès de ses relations et il m'a ainsi obtenu un rendez-vous la semaine prochaine avec un autre spécialiste qui se situe à Lyon au Centre Ophtalmologique Kléber. J'informe mon médecin de ses démarches et je lui demande l'autorisation de sortir de la clinique ce jour-là.

***

Nous sommes déjà au mois de mai. Je suis à la clinique depuis à peu près trois semaines. Les jours passent et continuent de se ressembler. Je suis encore très diminuée. Je n'ai aucune robustesse et résistance. Mais aujourd'hui, et pour la deuxième fois, je vais sortir de la clinique. J'ai rendez-vous au centre Kléber avec un ophtalmologue pour un nouvel avis médical. Je ne peux toujours pas imaginer que je resterai définitivement pratiquement aveugle.

Je me prépare plus tôt que d'habitude. Mon père vient me chercher. Je monte dans sa voiture. Nous nous arrêtons dans un supermarché. Tout est obscur. D'ailleurs, tout ce qui m'entoure est devenu flou et imprécis désormais. Quant aux prix sur les étiquettes, je ne les aperçois absolument pas. Mon père est avec moi, cependant, j'agis comme si j'étais seule, afin de connaître mes possibilités. Je sors ma torche, que je ne quitte plus, de mon sac. Même si tout est encore trouble, avec la lumière, je vois légèrement mieux. Toutefois, ce n'est pas suffisant. C'est une évidence, je ne peux pas me débrouiller seule.

Puis, nous allons au restaurant. Je commande un steak tartare. Je ne vois pas le jaune d'œuf qui est posé sur ma viande crue. Rien n'est comme avant, et pourtant déterminée, je me comporte comme si rien n'avait changé. Je décide de mettre moi-même la sauce. Sauf que, quelques secondes après, mon père me prie de stopper de suite. J'ai tout versé à côté de mon assiette et je n'ai rien vu. Malgré cette situation déconcertante, nous restons très calmes. Une serveuse nous amène des serviettes afin de tout éponger. Lucide, je constate que même accompagnée, mon adaptation dans le monde extérieur risque d'être très difficile et longue.

Nous arrivons au centre Kléber. L'ophtalmologue nous reçoit. Il m'annonce que mes rétines paraissent complètement brûlées. Néanmoins, il est optimiste, à la différence des autres médecins que j'ai rencontrés jusqu'à présent. Selon lui, il existe un traitement. Je pourrai retrouver une partie de ma vue si on m'injecte des cellules souches dans mes rétines. Ainsi, il m'oriente vers un de ses confrères du centre, spécialiste des maladies de la rétine. J'ai rendez-vous le quatorze mai.

Dans la voiture, nous sommes très heureux, mon père et moi. Je vais revoir. C'est une question de temps maintenant. Mes anges gardiens ne se sont pas trompés finalement. Je ne suis plus en contact avec eux comme je l'ai été pendant mon coma, toutefois, je ressens constamment leur présence et leur soutien. Par une force inexplicable, ils me font comprendre que je ne dois jamais perdre espoir et je ne dois en aucun cas cesser de me battre. Ils sont là. Ils seront là pour me protéger et ils me guideront dans la bonne direction. Ainsi, j'ai l'impression qu'aujourd'hui, j'ai rencontré le bon médecin au bon moment. Certes, je ne suis pas encore sur le chemin de la guérison mais c'est la première fois, qu'un éventuel traitement m'a été proposé. Nous venons d'apprendre qu'une partie de mes cellules détruites pourront être régénérées grâce à des injections de cellules souches. Ceci est très encourageant et très prometteur. Mon avenir s'est éclairci soudainement.

Je ne récupère pas mes forces. Je ne parviens pas à enfoncer le tuyau de douche au robinet du lavabo. Par conséquent, chaque matin, je suis contrainte de patienter qu'une aide-soignante soit disponible afin que je puisse me doucher. J'ai encore besoin d'assistance, cependant il me semble que je progresse. Lors de mes repas, j'allume la télévision et je m'installe sur la table à côté. Je me rapproche un maximum de l'écran, de façon que les images soient moins floues. Pour autant, je suis incapable de visionner un film. Je m'efforce principalement de suivre certaines émissions en les écoutant. Je me connecte régulièrement sur les chaînes musicales. Allongée sur mon lit, je fais le vide autour de moi et je me laisse transporter par la musique. J'imagine que je danse. J'ai pratiqué cette activité pendant plusieurs années. Adolescente, je créais aussi mes propres chorégraphies. C'était une de mes passions. Et, maintenant que je ne marche plus normalement et correctement, je ne peux que rêver. Je devrais être triste et nostalgique mais je ne le suis pas. Je suis en vie. Je me sens si paisible et confiante psychologiquement que ce n'est pas un problème pour moi si la danse appartient désormais au passé. Une nouvelle vie commence.

***

Je compte les jours. J'ai hâte de rencontrer le spécialiste de la rétine. Je suis impatiente. Impatiente de retrouver la vue prochainement comme je le présume.

Mes enfants me rendent visite tous les week-ends avec ma maman. Quant à mon père, il vient presque chaque jour. Nous sommes au printemps. Il fait beau. En leur présence, je marche dans le jardin et je réalise un peu plus de pas à chaque fois. Avec ma psychiatre, nous poursuivons ma psychothérapie. Elle constate mes progrès. Elle m'observe de temps en temps par la fenêtre et remarque que je tiens de mieux en mieux debout. Elle a de moins en moins de doute sur ma guérison miraculeuse. Et, si je suis réellement guérie, je ne pourrai pas rester plusieurs mois à la clinique. Pour l'instant, nous savons que, même si je suis volontaire et déterminée, je suis incapable de vivre seule à mon domicile. Alors, elle me suggère ensuite de poursuivre ma convalescence dans un centre de rééducation. Endroit, qui correspondra davantage à mes handicaps et à mes besoins. Toutefois, elle me précise qu'il y a de fortes probabilités que ma demande soit refusée. Ils n'acceptent généralement pas les personnes qui, tout comme moi, ont tenté de mettre fin à leurs jours, par crainte que nous recommencions. Dans ces conditions, nous ne pouvons ni mériter et ni même espérer une place dans un de leurs centres. J'ai pourtant toute confiance en mon médecin. Je sais que lors de ses démarches, elle insistera sur le fait que ma situation est très particulière et que contrairement à leurs pensées et à leurs suppositions, on doit me laisser une chance. Je suis guérie et combative.

***

Par curiosité, j'ai prévu de participer à une thérapie de groupe qui est organisée au sein de la clinique. Toujours, avec l'aide de mon déambulateur et de ma torche, j'emprunte l'ascenseur car la salle se situe au rez-de-chaussée. Nous sommes nombreux. Je m'assois et je les écoute très attentivement. Aujourd'hui, je suis très différente, ce qui me permet d'analyser leurs expériences et leur désarroi en toute objectivité et clairvoyance. J'affirme que tous les dépressifs vivent dans le désespoir et dans l'incompréhension. Ils sont convaincus d'être les seuls à traverser des périodes tragiques et douloureuses, tout comme je le supposais. Ils se renferment sur eux-mêmes, dans une sorte de bulle, leur bulle. Ils sont persuadés que personne ne les comprend et ne les accepte tels qu'ils sont. Pendant mes moments de détresse, je me sentais très seule et incomprise. Nous avons tous des problèmes, certes, plus ou moins graves et plus ou moins traumatisants, c'est certain. Mais, nous sommes surtout tous inégaux dans la manière dont nous les gérons. Tous les patients ici présents ne les surmontent pas mieux que moi je les surmontais.

Néanmoins, j'ai l'impression qu'ils ont conscience de leur mal-être intérieur sinon ils ne seraient pas hospitalisés. Ils ont probablement le souhait et l'espoir de trouver des solutions de guérison. En tout cas, en ce qui me concerne, je me suis battue. Je croyais que je pouvais ainsi guérir de ma dépression, de mes phobies et de mes angoisses. En effet, parfois j'allais mieux mais rapidement je sombrais une nouvelle fois dans le désespoir, qui devenait au fil des années de plus en plus profond, jusqu'à sombrer complètement et à faire ce que j'ai fait à plusieurs reprises, des tentatives de suicide. Il m'était de plus en plus impossible de vivre dans de telles conditions et d'entraîner mes enfants ainsi que mes parents dans ma vie infernale. Mon existence avait de moins en moins de sens. Avant de commettre ce qui a bien failli être l'irréparable et mon dernier souffle, je n'avais plus aucun désir. J'avais réellement touché le fond. J'étais dans les profondeurs des abysses, et je ne pouvais plus remonter à la surface. Je réalisais que je ne sortirais jamais de cet engrenage. Je refusais d'être hospitalisée à nouveau et de me droguer aux anxiolytiques et aux antidépresseurs. Je préférais cacher mon état catastrophique à ma famille. Alors, les patients qui éprouvent encore de l'espoir même minime, je les encourage à continuer de se battre. Sans espoir, la vie perd de son intérêt.

Les discussions et les thèmes abordés ont été très constructifs. Pourtant, je ne retournerai pas à leur réunion. J'ai compris ce qu'il fallait comprendre. Cela m'a permis d'évoluer sur mon autopsychanalyse. À chaque histoire racontée, je me suis retrouvée. Cependant, l'heure est venue de tourner la page et de vivre ma nouvelle vie.

***

Lundi 14 mai, j'ai rendez-vous avec un spécialiste de la rétine, au centre Kleber à Lyon. J'espère qu'il confirmera le traitement indiqué par son confrère, et qu'on pourra ainsi m'injecter des cellules souches très rapidement. Je suis pensive mais confiante. Une date d'intervention devrait logiquement être fixée à l'issue de cette consultation. Selon moi, c'est une évidence. Je n'envisage pas une autre éventualité.

Mon père vient une nouvelle fois me chercher. Je monte dans sa voiture. Je ne visualise pas mieux la route que les fois précédentes. Puis, nous arrivons et nous nous installons dans la salle d'attente. Bien entendu, je ne vois presque rien, et pourtant, j'ai la sensation d'être la plus jeune. Je distingue uniquement des ombres. Certaines sont assises à côté de moi, d'autres, peut-être les médecins, défilent comme des éclairs devant moi, et parlent. Soudain, une voix prononce mon nom. C'est enfin mon tour.

Je commence par un contrôle de la vue. Je ne vois rien. Même les lettres les plus grosses, je ne les aperçois pas. Je n'ai aucune amélioration. J'ai toujours un vingtième aux deux yeux. Un OCT est réalisé, puis à la suite, pour la première fois, une angiographie est effectuée. C'est un examen complémentaire qui précise certaines anomalies du fond d'œil observées. Cela permet d'étudier la circulation sanguine de la rétine et de la partie du nerf optique visible au fond d'œil.

Le diagnostic reste inchangé. Réaliste, avertie et préparée, je n'imaginais pas un autre résultat. Cependant, je suis vraisemblablement un mystère pour l'ophtalmologue puisqu'il me signale qu'il n'a jamais rencontré un patient dans le même état que le mien et pourtant il se déplace dans de nombreux pays étrangers. Ses propos prononcés ne me surprennent pas. Je devrais être morte. Je considère que je suis une miraculée. Il est alors tout à fait rationnel et concevable qu'aucun cas comme le mien n'ait déjà été recensé. Pour autant, ma situation l'intéresse. Il souhaite me suivre tout particulièrement et très régulièrement. Il s'interroge sur les causes de mon déficit visuel soudain. Tout comme les autres ophtalmologues, il pense que cela proviendrait probablement des nombreux médicaments, notamment des benzodiazépines que j'ai ingérées. Il me demande si je fume et si je prends un traitement qui pourrait aggraver ma pathologie. Heureusement que je ne fume pas, sinon il aurait été indispensable que j'arrête immédiatement. En revanche, je dois interrompre la prise d'un anxiolytique prescrit par ma psychiatre de la clinique. Je suis ravie car je n'éprouve aucune nécessité de poursuivre psychologiquement un traitement médicamenteux.

Miraculeusement, je suis guérie, néanmoins, je prends effectivement et étonnamment certains neuroleptiques actuellement, sûrement afin de rassurer mon médecin.

Puis, conformément à mes prévisions, il me certifie que seules des injections de cellules souches dans mes rétines pourront en effet me permettre de retrouver une partie de ma vision, mais pas totalement car trop de cellules sont malheureusement détruites. Même si c'est seulement pour qu'une petite partie, mon visage à ce moment-là s'illumine. Il s'est toutefois éteint aussi rapidement qu'il s'est illuminé. À ce jour, c'est en pleine expérimentation et je serai en mesure de bénéficier de cette avancée médicale peut-être dans dix ans. Mes espoirs se sont de nouveau très vite envolés.

Avec mon père, une fois de plus, nous partons déçus. Cependant, nous demeurons optimistes. Jusqu'à présent, nous avons avancé en continuant d'espérer et en poursuivant nos recherches. Il est très difficile et décourageant d'entendre ce que nous entendons à chaque consultation. N'importe qui, à notre place, cesserait certainement de se battre et attendrait patiemment que les dix prochaines années s'écoulent. Pourtant, dans cette terrible épreuve, nous restons forts et unis. Nous ne pouvons pas et nous ne voulons pas croire que tout doit s'arrêter ainsi et qu'il n'existe aucune solution dans l'immédiat.

De retour à la clinique, je rejoins ma chambre, je m'allonge sur mon lit, fatiguée et dubitative. Que vais-je faire pendant dix ans ? Certes, je suis contente, je reverrai incontestablement. Toutefois, si je me réfère aux messages de mes anges gardiens, je ne me doutais pas que le délai serait aussi long. Je ne souhaite pas me projeter dans l'avenir. Je ne préfère pas non plus réfléchir à quoi ressemblera ma vie si je suis malvoyante pendant les dix longues prochaines années.

Je ressens intensément leur présence. Ils me protègent. Ils me guident et m'aident à emprunter la bonne direction, alors je ne peux pas envisager, qu'à l'heure actuelle, je dois me contenter exclusivement de trouver des solutions d'adaptation en attendant. Néanmoins, dans l'hypothèse que les évènements se déroulent ainsi, je surmonterai ce handicap sereinement. Paradoxalement, psychologiquement, une forteresse est désormais autour de moi. C'est le principal, lorsque je pense à toutes ces années passées dans la souffrance.

Le lendemain, mon père me fait part d'une discussion très intéressante qu'il a eue avec un auriculothérapeute. Ce médecin, par l'acupuncture auriculaire, a déjà transféré des cellules souches d'une partie du corps dans une autre partie. Par contre, il ne l'a encore jamais pratiqué dans les rétines. Et, si je le désire, il peut me recevoir dès la semaine prochaine.

Même s'il n'y a aucune garantie que cette expérience fonctionne sur mes rétines, je suis heureuse. Après toutes ces consultations pessimistes, un rayon de soleil vient éclaircir mon avenir qui, pour l'instant, reste sombre dans tous les sens du terme. Quoi qu'il en soit, je ne risque rien. Je vais évidemment essayer. Par cette méthode thérapeutique non médicamenteuse, le praticien stimule des points précis au niveau de l'oreille. Est-ce la solution miracle ? Cela paraît si incroyable et si chimérique. Et pourtant, est-ce mon ange gardien qui me conduit vers ce thérapeute et qui me le met sur mon chemin juste au moment où j'en éprouve le besoin ?

Mais, dans l'éventualité que cette technique ne marche pas sur mes yeux et que les résultats n'aboutissent pas selon mes espérances, prudente, j'estime que personne, excepté mon père ne doit être au courant de cette décision. Jusqu'à présent, j'ai tellement été de déception en déception, je trouve aucun intérêt à en parler autour de moi. Certaines remarques ne pourront être que démotivantes et inutiles puisque logiquement, ce procédé peut-être perçu comme étant farfelu et utopique surtout compte tenu de la gravité de mes séquelles. J'informerai mon entourage et mes médecins ultérieurement si nécessaire et si les effets sur mes rétines s'avèrent positifs.

La plupart du temps, je me repose sur mon lit. Lorsque je dors, depuis le réveil de mon coma profond, dans mes rêves, c'est toujours aussi magique et fantastique. Je vois normalement comme si rien ne s'était passé. Je ne suis pas pratiquement aveugle comme dans la réalité. Néanmoins, lorsque je suis éveillée, je ferme les yeux et avant de m'endormir, j'imagine continuellement que je les ouvre et que mon voile noir a disparu soudainement. Je ne sais pas si les séances d'auriculothérapie seront concluantes ou que finalement je devrai patienter plusieurs années en comptant principalement sur les progrès de la médecine traditionnelle, mais j'attends ce moment avec impatience.

Allongée ou assise, je médite fréquemment. Mes réactions ont radicalement changé. Mon caractère s'est métamorphosé. Tous les jours et à chaque instant, j'analyse la personne que j'étais et celle que je suis aujourd'hui. J'ai besoin de comprendre. Il me semble que mon « nouveau moi » est complètement à l'opposé de mon « ancien moi ». Cette ambivalence est légèrement perturbante. Il est indispensable que dans l'avenir j'apprivoise la femme que je suis devenue et que je laisse définitivement mes souffrances du passé loin derrière moi.

Je sors rarement de ma chambre. Néanmoins, je me promène dans le jardin presque tous les après-midi, la semaine en compagnie de mon père et les week-ends avec ma mère et mes enfants. Puis, après leur départ, je retrouve généralement mes amis dans le hall ou dans le petit salon. Certains sont devant leur ordinateur ou regardent la télévision. D'autres jouent à des jeux de société et discutent. Je m'assois à côté d'eux et j'engage rapidement la conversation. Je m'intègre facilement et j'essaye de participer à leurs activités malgré mes handicaps.

***

Ma psychiatre compte faire le nécessaire afin que je reste à la clinique le plus longtemps possible puisqu'aucun centre de rééducation ne m'accepte. Je suis indéniablement guérie psychiquement mais physiquement, je suis dans l'incapacité de vivre seule. Je suis toujours aussi affaiblie. Je suis incapable de brancher le tuyau de douche au robinet du lavabo, geste qui pourtant paraît très simple à réaliser. J'ai encore trop d'étapes à franchir et il me faudra du temps pour y parvenir. Tant que je n'aurai pas récupéré un minimum de forces, mon médecin, conscient de ma situation, ne me laissera pas partir. Pour autant, elle a appuyé mon dossier mais ils ne veulent faire aucune exception. Mes séquelles proviennent d'une tentative de suicide, alors je ne suis pas digne d'avoir une place dans un de leurs centres. Je n'approuve pas une telle détermination. Il est regrettable de prendre une telle décision sans même me connaître, toutefois, je peux le concevoir. Entre les réflexions des uns et les remarques des autres, je m'aperçois que ce geste de désespoir n'est ni compris et ni admis dans la société dans laquelle nous vivons. J'ai une étiquette qui me colle et qui me collera définitivement à la peau. Cependant, étant dorénavant débarrassée de mes anciens démons, je peux enfin expliquer pourquoi on peut être amené à commettre l'irréparable. Ensuite, soit on comprend, soit on ne comprend pas.

Ma psychiatre suppose que je pourrai probablement rester jusqu'à fin juin, mais pour l'instant, il est prématuré de fixer une date de sortie. Physiquement, je ne suis pas prête. Je ne suis pas suffisamment autonome. Malgré tout, elle me conseille de me renseigner auprès de certains organismes. Il est possible que je bénéficie d'aides et de prestations lorsque je serai de retour à mon domicile. Ainsi, elle organise une rencontre prochaine avec une assistante sociale de la clinique. Je ne peux plus m'occuper de mes papiers administratifs seule. Il est impératif qu'on m'assiste pour effectuer les démarches et de remplir les documents nécessaires.

Elle me propose aussi, de manger avec les autres patients dans la salle de restaurant, lorsque je me déplacerai et que je me sentirai mieux. Même si j'évolue chaque semaine, sa suggestion n'est pas encore envisageable. Néanmoins, dès que je le pourrai, effectivement, je me ferai un plaisir de partager mes repas avec mes amis avant que je quitte la clinique.

***

Lundi 21 mai, je me prépare plus tôt que d'habitude. Mon père vient une nouvelle fois me chercher. Mon médecin ne sait pas que j'ai une consultation de prévue avec un auriculothérapeute dans le centre de Lyon. Remplis d'espoir, nous montons dans la voiture et nous partons.

Arrivée dans son cabinet, il prend instantanément connaissance de mon déficit visuel grave et de mon handicap moteur. Il dépose un livre sous sa lampe allumée et bien entendu, il constate que je ne vois pas. Il est honnête et il me précise comme mon père me l'avait indiqué, qu'il n'y a aucune certitude que cela fonctionne par sa méthode. Il n'a encore jamais transféré des cellules souches dans les yeux, toutefois avec mon consentement, il veut bien tenter. Jusqu'à présent aucune solution dans l'immédiat ne m'a été proposée concrètement alors, en personne avertie, je n'ai rien à perdre mais tout à espérer. Si le traitement se révèle efficace dans l'avenir, comme je le souhaite, il sera long et devra être renouvelé dans un premier temps tous les quinze jours. Le médecin interviendra aussi ultérieurement sur mon nerf sciatique.

À la fin de la consultation, il insère ma carte bancaire dans l'appareil et compose mon code à ma place. Je ne parviens pas à le faire moi-même. Je dois trouver des points de repère comme pour les touches de la télécommande de la télévision.

Je rejoins ensuite mon père dans la salle d'attente, puis nous partons. Avant de retourner à la clinique, nous allons au restaurant. J'ai choisi un carpaccio de viande et non un steak tartare, trop compliqué à préparer. Je n'oublie pas que la dernière fois, j'ai versé presque la totalité de la sauce à côté de mon assiette. Je ne dis pas que je ne retenterai pas avec vigilance. Mais aujourd'hui, j'ai envie de déguster ce plat qui me faisait tant saliver à la sortie de mon coma.

***

Étendue sur mon lit, je me repose, je médite et je prie. Par la pensée, je parle à mes anges gardiens. Je leur supplie de ne pas m'abandonner. Je suis consciente que si je ne retrouve pas la vue grâce aux séances d'auriculothérapie, je resterai malvoyante pendant de très longues années.

Par ailleurs, je sais maintenant que je pourrai bénéficier uniquement de quinze heures maximum de service à domicile. Aide dérisoire, voire inexistante par rapport à mes séquelles. Je me demande comment il me sera possible de vivre seule. Ne serait-ce que pour cuisiner, j'aperçois vaguement les aliments qui sont dans mon assiette. Alors, je prie souvent et je pense à mes protecteurs constamment. Je leur exprime mon extrême désir de revoir et ainsi d'acquérir dans l'avenir un minimum d'autonomie.

***

De temps en temps, à la clinique, des films sont projetés sur grand écran dans une salle au rez-de-chaussée. Je ne suis pas encore en mesure de suivre un film à la télévision. Toutefois, cet après-midi, je tiens profondément à assister à la projection. Certes, il est insensé de supposer et de croire que je verrai mieux, cela dit, je me lance un défi.

Je prends mon déambulateur et ma torche. Je monte dans l'ascenseur et je me dirige vers la salle. J'entre et je m'assois sur une chaise au premier rang. Les volets sont descendus. La pièce est plongée dans l'obscurité totale comme au cinéma.

Le film commence. J'entends des bruits et les voix des acteurs. Sans surprise, je distingue que des ombres et que quelques lumières. Finalement, j'ai rapidement ma réponse. Je ne visualise pas mieux les images sur grand écran qu'à la télévision. J'écoute attentivement les dialogues mais j'éprouve de réelles difficultés à comprendre le scénario. Cependant, je décide de rester jusqu'à la fin. Je suis très patiente et déterminée. J'évoluerai grâce à ma persévérance.

Après plus d'une heure et demie, la séance se termine enfin. Malgré ma ténacité, il m'est impossible de raconter l'histoire et le dénouement du film.

J'ai de plus en plus conscience de mon invalidité. Je ne peux plus regarder la télévision. Je ne pourrai plus apprécier un film spectaculaire au cinéma. Mon état ne me permet plus de lire et d'écrire sans mettre les lettres sur les autres lettres. Je ne suis plus capable non plus d'utiliser un ordinateur et mon téléphone portable. Je m'oriente également difficilement. Alors, je ne sais pas comment je pourrai reprendre mes fonctions à mon travail. Je dois tout réapprendre et chercher continuellement des solutions d'adaptation à ma nouvelle situation pour chaque geste du quotidien. Je découvre et je réalise les épreuves que rencontre un aveugle à chaque instant. Mais, je ne cesse d'espérer. Je prie pour retrouver la vue progressivement et revoir rapidement comme avant. Je ne souhaite pas devenir totalement dépendante et être une charge pour mon entourage, lorsque je quitterai définitivement la clinique.

***

Nous sommes début juin. Je sors de ma deuxième séance d'auriculothérapie. Le médecin a une nouvelle fois testé ma vision en posant le même livre sous sa lampe éclairée. Je ne ressens pas encore d'effet positif, néanmoins, si cela doit être le cas, il faudra du temps. Alors, j'ai toujours autant d'espoir. Apparemment, mon organisme a été réceptif. Il a réagi favorablement. Effectivement, lorsque je me suis levée, mon corps a été envahi par une curieuse sensation. C'est assez réconfortant et rassurant.

Avant de retourner à la clinique, mon père me conduit à mon appartement pour prendre quelques affaires. Nous arrivons sur le parking. Je confirme que ma voiture est toujours là et en parfait état. En effet, je n'ai pas été victime d'un grave accident de voiture et mon Land Rover n'est pas à « la casse » comme je le supposais à la sortie de mon coma.

Par curiosité, je m'installe côté conducteur. J'ai perdu tous mes réflexes. Où est la pédale d'embrayage ? Je me baisse. Je la cherche avec la main. Puis, je positionne mon pied gauche qui est paralysé sur la pédale, mais je ne parviens pas à l'enfoncer. Je n'ai aucune force. Tout est flou également malgré le temps ensoleillé. Je ne pourrai probablement et certainement plus jamais reconduire.

Mon père me tient et m'aide à monter les quelques marches de mon immeuble. Je croise une de mes voisines. Elle est très étonnée de me rencontrer. Elle pensait que j'étais morte. Un drap blanc recouvrait entièrement mon corps lorsque les pompiers m'ont sortie de l'appartement.

Mon père ouvre la porte. Je suis émue de rentrer à mon domicile et de franchir le hall d'entrée. Je ne peux pas m'empêcher de penser que j'ai quitté ce lieu le douze mars dans un état très critique. Mon pronostic vital était sérieusement engagé. Et, qu'aujourd'hui, grâce à un miracle, même de passage, je suis chez moi, à l'endroit où j'ai tenté de mettre fin à mes jours. Cela me procure une étrange émotion. Je me replonge dans le passé, plus particulièrement à cette journée du neuf mars. Les souvenirs remontent à la surface. Je me repasse en quelques minutes le même film. Je me remémore ce moment fatidique et je me revois en train de boire mon cocktail, puis me coucher pour ainsi atteindre le royaume des morts.

Quant à mon père, lorsqu'il regarde en direction de ma chambre, il paraît déstabilisé. Il a la même vision perpétuelle. Il me voit morte allongée sur mon lit. Cette image restera gravée à jamais dans sa mémoire.

Je m'efforce d'allumer mon ordinateur mais où sont les boutons ? Je ne sais pas et je ne m'en souviens pas. Mon père le démarre à ma place, toutefois, il l'éteint aussitôt, car sans surprise, je ne peux pas l'utiliser. Je ne vois rien.

Je prends quelques vêtements et nous repartons à la clinique.

***

Je suis maintenant hospitalisée depuis trois mois. Et, il me semble que je progresse. Lentement, mais je progresse sans cesse. J'ai enfin réussi à fixer le tuyau de douche au robinet du lavabo. Par conséquent, je peux définitivement me doucher sans attendre qu'une aide-soignante soit disponible.

Je marche mieux. Je n'utilise plus mon déambulateur, j'ai des béquilles à la place. Néanmoins, je préfère m'appuyer contre les murs ou les meubles lorsqu'il est possible. Et, accompagnée de mes parents, je fais désormais le grand tour du parc en leur tenant le bras.

Proche d'une lumière et avec ma torche, même laborieusement, je joue au « scrabble » et au « Rummikub » avec mes amies. Je suis excessivement longue. Je confonds fréquemment les couleurs et les chiffres, pourtant elles sont très patientes. Ma déficience visuelle ne les perturbe pas. Elles m'acceptent telle que je suis.

Dès à présent, je les rejoins dans la salle de restaurant. Nous déjeunons ensemble. Je m'assois toujours à côté d'une fenêtre. De cette manière, j'aperçois mieux le contenu de mon assiette, bien que tout est continuellement aussi trouble.

Convaincue de ma guérison psychique, ma psychiatre a déterminé ma date de sortie. Je pars dans quinze jours, le vingt-huit juin. À mon grand regret, ils ne peuvent pas me garder plus longtemps. Je lui transmets mon désir de tester la balnéothérapie de la clinique avant mon départ, mais je crains de glisser. J'appréhende de me retrouver sur les sols mouillés sans mon attelle, sans mes chaussettes et sans mes chaussures. Elle me rassure, car je ne serai pas seule.

Alors, j'emporte un maillot de bain et une serviette, puis je descends au rez-de-chaussée. La salle est sombre. Les volets sont fermés mais la salle est éclairée. Je me change dans une cabine. Me voilà pieds nus. L'instant tant redouté est arrivé. Une infirmière vient me chercher. Elle me soutient et m'aide à grimper dans la baignoire. Je suis ainsi soulagée, je ne suis pas tombée.

L'eau est normalement chaude. Elle lance le programme pour un quart d'heure seulement et plonge la pièce dans l'obscurité absolue. Je ferme les yeux, de toute façon je ne vois rien. Je ressens un immense bien-être. Je profite pleinement de ces quelques minutes merveilleux. Le bruit provoqué par les ondes est assez intense, cependant il ne me dérange pas, contrairement à certains patients qui, angoissés, ne le supportent pas. Intérieurement, je suis devenue si sereine que mentalement j'ai dorénavant la capacité de faire abstraction à tout ce qui peut être nuisible.

Je compare ce son à celui d'une tondeuse. J'imagine que je suis dans un jardin. Couchée sur l'herbe, je dors paisiblement sous un arbre. Et, au loin, un voisin tond sa pelouse.

Le temps s'est déjà écoulé. Je dois abandonner mon rêve et ce lieu paradisiaque. Enthousiasmée, je reviendrai autant de fois qu'on me le permettra.

***

Lundi 18 juin, à la suite d'un nouveau bilan complet ophtalmologique réalisé ce jour au centre Kléber, mon acuité visuelle reste chiffrée à un vingtième aux deux yeux. Mon atrophie choriorétinienne bilatérale est toujours présente et autant sévère. Je croyais et j'espérais que ma vue s'était légèrement améliorée. Finalement, je dois sûrement m'habituer à ma malvoyance. J'ai compris que, près d'une source lumineuse et avec ma torche, je vois mieux. Je suis plus réceptive au toucher, aux odeurs et aux différents bruits qui m'entourent. J'ai également enfin trouvé mes repères à la clinique. Je m'oriente ainsi plus facilement dans le jardin et dans les étages. J'ai mémorisé l'emplacement des touches de l'ascenseur. Il m'est donc possible de l'emprunter seule. Mais, je supposais et j'envisageais que cette progression était aussi en relation avec un début de guérison. C'est une évidence, dans l'immédiat, je peux compter uniquement sur mes facultés d'adaptation.

Les médecins sont persuadés que pour le moment, mes séquelles sont irréversibles. Je ne verrai jamais plus que ce que je vois actuellement. Mon kinésithérapeute, quant à lui, m'a appris qu'un nerf sciatique repousse de plusieurs millimètres par mois, Pour autant, si celui-ci est fortement abîmé, sa régénération ne permet pas une récupération totale des capacités perdues. Rien n'indique et rien ne laisse présager que je peux encore garder espoir. Et pourtant, une force intérieure ne me quitte pas. Elle me guide et me donne la volonté de poursuivre ma bataille sans jamais renoncer à mes croyances et à mes espérances.

Je vais prochainement retourner dans « la vraie vie » et abandonner « ce nid douillet ». Ici, je suis entièrement prise en charge. Je ne m'occupe de rien et j'ai tout à ma disposition. Je me repose et je dors. Tous les matins, j'attends mon petit-déjeuner pour me lever. Depuis quelques jours, et sans que personne ne le sache, je diminue la prise de mes antidépresseurs. Sans autorisation et discrètement, je coupe le comprimé en deux et j'avale seulement la moitié. Je ne comprends pas pourquoi on continue de me droguer inutilement. Et, comme je pars bientôt, je veux avoir la conviction d'être réellement guérie à cent pour cent naturellement, miraculeusement. Ensuite, je me recouche au moins pendant deux heures. J'allume la télévision. Je me connecte sur les chaînes musicales. Je chante et je danse intérieurement. Vers onze heures, je me lave et à midi je descends déjeuner. Puis, j'entame les après-midi par une longue sieste. Généralement, Je m'assoupis jusqu'à la visite de mon père en semaine ou de ma mère et de mes enfants les week-ends. Je poursuis assidûment mes efforts et je marche dans le jardin tous les jours. Après leurs départs, je bavarde avec mes amies dans le petit salon. Enjouée et euphorique, j'aime beaucoup rire et discuter. Je ne me reconnais plus. Je me suis indéniablement métamorphosée. Je ne suis plus triste comme je l'étais. De ce fait, je suis heureuse de transmettre ma gaieté et mes pensées positives. Les soirs, exténuée, je me couche tôt. Parfois, avant de m'endormir, comme je ne peux pas regarder de films, dans mon lit, j'écoute des émissions culturelles à la télévision. Mes journées sont ainsi passées. Mon planning est parfaitement établi et ne varie guère.

***

Ma convalescence à la clinique se termine. Physiquement, je ne suis pas prédisposée à rentrer directement à mon domicile. Néanmoins, je n'ai pas d'autres alternatives. Il est dommage que je ne sois pas admise dans un centre de rééducation. Je méritais autant une place qu'un accidenté de la route qui a lui-même provoqué même involontairement la collision. J'aimerais, mais il est certainement improbable que les personnes sectaires admettent un jour qu'on puisse commettre un tel geste de désespoir.

Je devrais m'inquiéter et pourtant je suis confiante. Je compte sincèrement sur la présence de mes parents et la bienveillance de mes enfants. Et puis, progressivement, j'apprendrai à surmonter et à vivre avec mes handicaps pour ainsi acquérir un minimum d'autonomie. Je sais que mon combat sera long et ne cessera assurément jamais. Grâce à ma persévérance, ma patience et ma volonté, j'ai considérablement évolué depuis mon « comeback ». Aujourd'hui, je me sens forte et inébranlable psychiquement pour affronter les épreuves, même les plus complexes.

***

Je communique une dernière fois avec ma psychiatre. J'ai apprécié nos échanges. C'est le seul médecin qui a été en mesure d'expliquer la transformation radicale de mon humeur sans mettre ma parole en doute. Elle a correctement analysé et éclairci mes problèmes, mes blocages du passé. Toutefois, il me semble qu'il n'était pas utile de me prescrire des antidépresseurs. Depuis dix jours, secrètement, j'avale seulement la moitié du comprimé et je me sens toujours aussi paisible et joyeuse.

Est-ce que j'étais bipolaire comme elle me l'a spécifiée à plusieurs reprises ? Terme très vite employé. J'ai l'impression que cette pathologie est trop rapidement diagnostiquée sans aucune certitude. J'alternais effectivement phases de dépression et phases d'épanouissement. Avec toutes ces années d'angoisses, de stress incontrôlable, les obstacles devenus insurmontables, mon hypersensibilité, mes peurs, mes silences prolongés et l'incompréhension de mon entourage, je m'étais de plus en plus renfermée sur moi-même et déconnectée. Durant les périodes de profondes détresses et de tristesses, j'étais épuisée et trop submergée par mes émotions et mes difficultés réelles. Néanmoins, au plus profond de moi, et à d'autres moments, il me restait encore de l'énergie et un peu d'espoir, qui j'en conviens s'amenuisaient de plus en plus au fil du temps.

Je dirai que ces trois mois de dialogues avec ma psychiatre m'ont permis de clarifier mes anciennes souffrances. À chaque instant, je pense à la femme que j'étais et à celle que je suis aujourd'hui. Dorénavant, je dois songer au présent et à l'avenir. Je vais ainsi continuer mon autopsychanalyse à la maison.

Chapitre 4
Retour à la maison

Jeudi 28 juin, une page se tourne. Je quitte définitivement la clinique, qui, à mon avis, est exceptionnelle et remarquable en tout point. Après mon dernier petit-déjeuner, je réunis toutes mes affaires. Je suis en quelque sorte prête pour mon grand départ. Je salue mes amies. Je leur souhaite un bon rétablissement et aussi une bonne continuation. Je ne les préviens pas mais je pense que malheureusement dès qu'elles sortiront, elles iront mieux quelques mois, puis elles reviendront probablement de nouveau l'année prochaine.

Mon père est arrivé. Je monte dans sa voiture et nous partons. J'ai rendez-vous avec l'auriculothérapeute pour ma troisième séance. Comme les consultations précédentes, il pose le même livre sous sa lampe allumée. Il n'y a toujours pas d'amélioration et pourtant mon organisme répond encore favorablement.

Ensuite, nous nous arrêtons dans une boutique pour malvoyants. Même si je ne cesse d'espérer, Il est fort possible que dans un avenir proche, je sois contrainte d'investir et que j'envisage inéluctablement d'acheter divers articles qui pourraient me venir en aide, alors je me renseigne.

Puis, nous allons dans un supermarché. Mon réfrigérateur est vide et désormais, je vais préparer moi-même mes repas. Je choisis des aliments simples à cuisiner, steaks et tomates. Je ne sais pas ce que je suis en mesure de faire ou pas. Je n'ai pas mes enfants avant le mois d'août, ce qui me le laisse le temps de m'organiser et de m'habituer à cette nouvelle vie. Je n'oublie pas de prendre une chaise en plastique afin de me laver en toute sécurité dès demain matin puisque que dorénavant je dois me doucher assise.

Après cette journée bien remplie, mon père me dépose enfin chez moi. Exténuée, je me couche rapidement. Dans mon lit, j'éprouve une émotion très intense. Je ne peux toujours pas m'empêcher de penser que la dernière fois que je me suis allongée, le neuf mars, j'avais décidé de mourir dans ce même lit. Plongée dans le coma, mon âme a navigué et est entrée en contact avec celle de ma fille, tandis que mon enveloppe corporelle était inerte et abandonnée.

Ce soir, ma réaction est différente car j'ai considérablement changé. Je me suis miraculeusement métamorphosée et mon âme a évolué. Avant, le fait d'être seule et de me m'endormir m'angoissait terriblement. Et, même si je le suis, je ne me sens pas seule. J'ai l'étrange conviction que mes anges gardiens sont actuellement auprès de moi dans ma chambre. Cela peut paraître insolite mais je leur parle. Je les remercie. L'existence dans l'autre dimension me fascine et m'interpelle de plus en plus. Mes peurs d'autrefois ont disparu et je m'endors sereinement.

Vendredi 29 juin, je franchis une nouvelle étape. Dès à présent, je suis obligée de me débrouiller malgré mes lourds handicaps et ma fatigue chronique. Cependant, j'évoluerai selon mon rythme.

À mon réveil, je m'oriente tranquillement en direction de la cuisine. Sans surprise, tout est flou et plus sombre qu'auparavant. Néanmoins, je me repère et je trouve naturellement tout ce dont j'ai besoin dans mes placards. J'ai l'avantage d'être organisée. Je sais précisément où tout est rangé. Je vis maintenant comme une malvoyante. Je dois et on doit me considérer comme telle, alors il sera évidemment très important dans l'avenir que tout reste posé à la même place.

Je verse de l'eau dans ma bouilloire doucement car je ne vois pas les liquides couler. Je remplis ma tasse de quelques cuillères de café, puis une fois chaude, je mélange l'eau délicatement pour que rien ne déborde.

Après mon petit-déjeuner, afin de me doucher, comme à la clinique, je m'installe sur la chaise en plastique, achetée la veille à cet effet. Toutefois, malhabile, je fais très attention à tous mes faits et gestes. Je réfléchis avant chaque mouvement et j'avance à la vitesse d'un escargot.

Mon père me téléphone. Je le rassure. Tout va bien. Je ne suis pas encore tombée. Et, je suis toujours en vie.

J'attends, ce jour, une aide à domicile adressée par l'organisme pour lequel j'ai fait appel dernièrement. Service dérisoire, je bénéficie que de quinze heures, mais je m'en contenterai. Je n'ai pas suffisamment de force. J'en aurai certainement pas davantage dans un mois. Pour autant, j'aviserai à ce moment-là. Alors, j'accepte ce qui m'est proposé puis on verra. Malgré mon retour prématuré à la maison, je me sens très paisible. J'analyse constamment mes comportements inhabituels, et je suis à chaque fois étonnée, voire impressionnée par mes nouvelles pensées inattendues. Je ne m'inquiète pas, même si je le devrais.

Il est déjà midi. Je coupe des tranches de tomates lentement. Je crains de me blesser avec le couteau. Je cherche les boutons de ma plaque de cuisson électrique. Je ne me souviens plus du mode de fonctionnement de tous mes appareils. Je réapprends tout en mémorisant les emplacements. Il me semble que depuis mon « comeback » certains souvenirs m'échappent.

Je pose mon assiette sur la table. Je m'assois en face de mon tableau que j'ai peint il y a plusieurs années. Il représente un coucher de soleil près des côtes de la méditerranée. Je le regarde, cependant je ne peux plus admirer toutes ses belles nuances de couleurs. J'aperçois uniquement une petite tache lumineuse au milieu d'un fond noir. J'ai toujours été douée pour reproduire fidèlement des teintes précises et désirées. Après quatre années d'études dans les Arts Appliqués en section décoration-étalage, j'ai exercé ce métier pendant plus de sept ans. Si, désormais je ne suis plus capable de distinguer les couleurs correctement, je ne pourrai plus utiliser ce don. Toutefois, selon moi, je suis et je serai indéfiniment une artiste. Je n'oublierai jamais ce que la peinture, la décoration, mes réalisations m'ont apporté comme satisfaction et bonheur.

Épuisée, je dors pratiquement toute l'après-midi. Puis, je parviens extraordinairement à allumer mon ordinateur. Néanmoins, je l'éteins aussitôt. Tant qu'il en sera ainsi et que je n'effectuerai aucune modification indispensable, il me sera indéniablement impossible de m'en servir. Par ailleurs, les logiciels pour malvoyants sont très onéreux. Quant à la télévision, je continue d'écouter essentiellement les émissions culturelles et les chaînes musicales. Les images sont trop brouillées, même assise sur ma table basse près de l'écran.

Ma première journée s'est écoulée et je n'ai pas bougé. Comment le pourrais-je ? Manifestement, sans l'intervention de mes parents ou d'une tierce personne, je suis destinée à demeurer dans mon appartement.

Je me couche aussi calme que la veille. C'est énigmatique et fantastique, je suis dans l'obscurité totale et pourtant des lueurs blanches, des fumées apparaissent et circulent au-dessus de moi. Est-ce une illusion d'optique ? Cela proviendrait-il de mes problèmes de rétines ? Peut-être, cependant je préfère imaginer et croire que ces ombres sont provoquées par l'énergie que dégagent mes anges gardiens. Je ressens leur omniprésence et leur perpétuelle protection.

***

Les jours défilent et rien ne change. Je me repose et je dors beaucoup. Malgré mon courage, ma volonté et mon obstination, je réalise que je suis extrêmement diminuée physiquement. Je mets une journée pour étendre mon linge. Je dois très vite et régulièrement interrompre cette tâche. Mon aide à domicile passe principalement l'aspirateur. Je ne suis plus apte à faire mon ménage pour l'instant.

Je garde le même rituel chaque jour. Le matin, je me lève vers neuf heures. Évidemment sans me presser, après mon petit-déjeuner, je me douche sur ma chaise, qui est devenue un élément indispensable. Mon père m'appelle chaque matinée. Et, à chaque communication, il paraît inquiet. Je tente de le rassurer. Je lui affirme. J'insiste et je lui répète que je ne commettrai plus de tentative de suicide. La femme désespérée que j'étais n'existe plus. Pourtant, je constate qu'il doute encore et je le comprends. Mais, je sais qu'au fil du temps, il admettra que je me suis réellement transformée comme je le prétends.

Je me prélasse tous les après-midi sur mon canapé ou sur mon lit. Je réussis de mieux en mieux à utiliser mes appareils instinctivement. Je teste ma vue continuellement. Je suis confiante. Même si mes examens ophtalmologiques indiquent le contraire, je suis persuadée qu'un troisième miracle est probable. Et que, je n'attendrai pas les progrès de la médecine. Je prie et je parle fréquemment à mes protecteurs. Je suis ainsi réconfortée.

***

Mardi 17 juillet, je ne suis pas sortie depuis longtemps. Je ne peux plus me déplacer seule. Ce matin, une visite à domicile est planifiée avec mon médecin traitant. Et, cet après-midi, j'ai une autre séance d'auriculothérapie. J'ai autant d'espoir de retrouver la vue par cette méthode. Je n'envisage pas l'échec. Je suis toujours aussi optimiste et combative.

Mercredi 18 juillet, cette fois-ci, j'ai la visite d'un médecin de la métropole de Lyon, suite au dossier « MDPH » que l'assistante sociale de la clinique avait rempli. Toutefois, après réflexion, je souhaite patienter avant de poursuivre les démarches. J'hésite. Je ne suis pas encore déterminée et fermement décidée. J'ai sans doute tort, étant donné que mes séquelles visuelles et moteurs sont indéniablement irréversibles. Néanmoins, je ne conçois pas dans l'immédiat, d'être reconnue « handicapée », et pourtant, je le suis. Chaque chose en son temps. Je ne veux pas me précipiter et anticiper, ce qui pourrait ou non se produire durant ses prochains mois. Déconcertée par mes propos certainement irrationnels et mes espérances improbables, elle m'écoute attentivement et me conseille, mais en vain. Je n'ai pas changé d'avis. Elle a compris que je ne suis pas encore prête et que je compte sur une progression significative. Par conséquent, en un commun accord, ma demande est suspendue jusqu'à nouvel ordre.

Lundi 23 juillet, après un arrêt d'un mois, depuis mon retour, mes séances de kinésithérapie reprennent, bien entendu à domicile. J'ai eu un électromyogramme des membres inférieurs de contrôle et le neurologue a confirmé le diagnostic pessimiste de l'ancien examen effectué à l'hôpital Edouard Herriot. Une légère régénération est plausible durant ses deux prochaines années du fait que le nerf sciatique repousse. Pour autant, une récupération totale de ma jambe gauche est utopique. Alors, il est primordial que je poursuive ma rééducation pour une durée indéterminée et vraisemblablement à vie.

Mercredi 25 juillet, j'essaye de consulter mes SMS, ce que je fais quotidiennement dans l'expectative de les décrypter. Jusqu'à présent, mes messages sont illisibles et indéchiffrables. Tout est obscur. Et, ce matin, pour la première fois, même si je suis incapable d'en prendre véritablement connaissance, j'aperçois vaguement, de manière très floue, des lettres sur mon écran de téléphone. Est-ce la réalité ? Je ne rêve pas pourtant.

Mes prières ont-elles été entendues ? Et, que dois-je penser de l'auriculothérapie, cette médecine parallèle souvent contestée par les médecins traditionnels ? Ce traitement fonctionnerait-il comme je le désirais et pressentais ou est-ce un nouveau miracle ? Je ne peux pas encore me prononcer et je dois rester prudente quant à l'avenir. Cependant, il y a enfin une lueur d'espoir.

***

Lundi 30 juillet, j'ai une grosse cloque douloureuse sous mon pied gauche, sûrement due à des frottements répétés provoqués par mon attelle en plastique. Il fait chaud et je n'ai pas porté de chaussettes dernièrement. Du liquide sort, je ne vois pas. Je suis seule et anxieuse. Je fais appel à SOS médecin. Celui-ci se montre très désagréable et inconscient du contexte actuel dans lequel je suis. Selon lui, c'est simplement une ampoule bénigne. Son déplacement est inutile et inopportun. Mécontent, il repart rapidement.

Mercredi 1er août, ma phlyctène est toujours présente. Elle s'est développée considérablement et suinte de plus en plus. Cette fois-ci, mon père m'amène chez un médecin. Il me prescrit des pansements spécifiques afin d'éviter que ma plaie ne s'aggrave davantage.

Lundi 6 août, aucune amélioration, je retourne chez un autre praticien. Mon talon est noir. C'est une escarre. Décidément, je suis fragile, après mon crâne, c'est au tour de mon pied. J'ai maintenant des soins infirmiers à domicile quotidien jusqu'à complète cicatrisation.

Lundi 13 août, l'infirmière est préoccupée. Non seulement la nécrose ne guérit pas mais elle s'intensifie et s'étend. Elle m'oriente en urgence à l'hôpital de la Croix-Rousse. À la suite, j'ai un nouveau protocole mieux approprié. Mes soins infirmiers se prolongent. Je ne sors plus. Je marche un minimum dans mon appartement. Je suis la plupart du temps allongée sur mon canapé. Mon pied reste ainsi immobilisé.

J'ai frôlé une nouvelle fois une catastrophe. Toutes les consultations, même en apparence les plus farfelus, nécessitent d'être prises en considération. Rien ne doit être négligé et être examiné avec légèreté. Cette simple cloque, identifiée par un médecin insouciant le 30 juillet, a dégénéré en escarre. Ma plaie a été assez profonde. Cela aurait pu devenir dramatique si ma lésion avait atteint l'os. Fort heureusement, j'ai eu beaucoup de chance. Je me suis rétablie progressivement. Et depuis, j'ai une attelle personnalisée, adaptée à mon handicap.

Chapitre 5
Mes prières exaucées

Dès le 25 juillet 2012, ma vue est revenue lentement. Même si tout était encore très imprécis et trouble, j'apercevais des lettres sur mon écran de téléphone portable. Je pensais, à ce moment-là, que j'avais des hallucinations mais l'inimaginable tant attendu s'est produit. Mon rêve est enfin devenu réalité. Mes prières ont été entendues. Mes anges gardiens me protègent et me guident indiscutablement. Ils ne se sont pas trompés. Leurs messages d'espoir évidents se sont inexplicablement concrétisés.

Cependant, Les progrès ont été officiellement constatés six mois après ma première séance d'auriculothérapie. Le 20 novembre 2012, lors de ma consultation chez l'ophtalmologue, et après correction, j'avais 5/10 à l'œil droit, et 0,8/10 à l'œil gauche.

Malgré ce début d'évolution prometteur, la prudence s'imposait. Mes examens montraient toujours une atrophie de l'interface segmentaire et externe des photorécepteurs, un amincissement choroïdien important avec de larges altérations de l'épithélium pigmentaire et des dépôts hyper auto fluorescents allant jusqu'à l'équateur.

J'ai aussi ressenti véritablement cette progression. J'ai acheté un nouvel ordinateur. Il suffisait de modifier la mise en page et d'agrandir les caractères. Néanmoins, je ne pouvais pas l'utiliser plus de dix minutes par jour. Mes yeux fatiguaient très vite et mes efforts répétés m'épuisaient. Par contre, il n'était plus nécessaire d'installer un logiciel spécifique pour malvoyants.

Je fixais et j'examinais fréquemment le même tableau. Le fond noir disparaissait peu à peu. Il s'éclaircissait. Diverses teintes du coucher de soleil apparaissaient et le soleil était de plus en plus lumineux. Toutefois, j'étais réaliste. Je savais que je ne l'apprécierais jamais plus comme avant. Ma perception des couleurs était désormais altérée. Je les distinguais très difficilement. Je les confondais perpétuellement. Et, si je devais le repeindre, j'imagine qu'il serait plus original et surprenant. En revanche, fatalement, il serait guère détaillé et moins fascinant.

J'ai rejoué au tarot. Certes, un court instant et près d'une source lumineuse, mais j'étais maintenant capable de différencier les cartes. Je suis allée également au cinéma avec ma mère. Elle m'a aidée à pénétrer dans la salle trop obscure et à descendre les escaliers. Tout au long du film, je suis restée très concentrée et attentive aux voix des acteurs. Je reconnaissais à peine leur visage et je ne voyais aucune scène qui se déroulait la nuit. Malgré tout, j'étais satisfaite. Grâce à mon obstination, j'évoluais sans cesse.

Parallèlement, je montais régulièrement dans ma voiture. En dépit de mes lourds handicaps, étrangement, je désirais profondément conduire à nouveau. Un an après ma tentative de suicide, j'étais encore très affaiblie physiquement. Avec ma main, je positionnais mon pied gauche paralysé sur la pédale d'embrayage, mais il ne bougeait pas. Je ne pouvais pas passer les vitesses. Je n'avais pas suffisamment de forces dans mes jambes. Je serais certainement obligée de m'offrir une voiture à vitesse automatique ou alors d'équiper mon véhicule en fonction de mon invalidité. De plus, visuellement, il n'était probablement pas raisonnable de concevoir que cela puisse devenir possible dans l'avenir. J'ai songé à plusieurs reprises de remplacer mon Land Rover par un chien pour aveugle. Pourtant, je n'ai jamais renoncé. En aucune circonstance, j'ai eu l'intention d'abandonner cette lutte, qui même dans mon coma, j'avais la certitude qu'elle serait longue et jonchée d'obstacles.

***

Le 25 mai 2013, et après correction, j'avais 8/10 à l'œil droit et 3,2/10 à l'œil gauche. Mon rétablissement se poursuivait. Chaque mois, je consultais mon auriculothérapeute en ayant la même motivation et conviction. Je voulais croire à son traitement révolutionnaire et tristement méconnu. Je parvenais enfin à insérer ma carte bancaire et à composer mon code sans son intervention.

Bien que je m'étais accoutumée à vivre avec mes rétines endommagées, brûlées par mon cocktail maléfique, mon acuité visuelle s'améliorait incontestablement. Les paysages, les silhouettes et les objets se transformaient. Je voyais de mieux en mieux et de plus en plus distinctement. C'était magique, insolite et sublimissime.

En juin 2013, j'ai démarré mon véhicule et étonnamment, j'ai réussi à avancer de quelques mètres sur le parking de mon immeuble. Mes muscles, jusqu'à présent sans mouvement, se contractaient légèrement. Je ressentais une intense effervescence. Étais-je inconsciente ? Il y a encore quelques mois, qui aurait soupçonné que je serais susceptible d'accomplir ce que je venais d'effectuer, c'est-à-dire l'irréalisable ?

J'ai souvent été perplexe en ce qui concerne mes futures capacités. Toujours est-il, que je me suis perpétuellement laissé endoctriner par cette petite voix intérieure, cette amie bavarde de mon subconscient ? Était-ce des pensées de la sagesse ou de l'insouciance ? En tout cas, depuis mon « comeback » à la vie, à ma nouvelle vie, j'avais raison d'écouter mes protecteurs, d'être optimiste, patiente, de persévérer ainsi sans aucun relâchement et de me propulser au-delà de mes limites.

Personnellement, ma renaissance était primordiale. Je devais acquérir un maximum d'autonomie, même si je me doutais que je ne reverrais et que je ne me déplacerais plus jamais naturellement.

***

En juillet 2013, en présence de mon père, je me suis régulièrement entraînée à manœuvrer ma voiture sur le parking d'un supermarché, à six kilomètres environ de ma résidence. Et, lorsque je me suis sentie prête pour franchir une nouvelle étape, délicate et périlleuse, j'ai moi-même piloté mon véhicule au retour, jusqu'à mon domicile. Malgré le danger qui risquait de se présenter soudainement, je n'avais ni crainte ni appréhension. J'étais sereine, déterminée et confiante. Mon père était à mes côtés.

Néanmoins, je suis rentrée exténuée. Je n'avais plus aucune énergie. Mes gestes et mes réactions n'étaient plus spontanés. Il fallait que je me concentre en même temps sur mon pied gauche et sur les aléas de la circulation. Je n'oubliais pas que mon champ visuel était évidemment réduit et que ma résistance demeurait incertaine à long terme. Pourtant, mon objectif était atteint. Il m'était enfin permis de conduire. Certes, difficilement, prudemment, doucement, rigoureusement et brièvement, toutefois, l'invraisemblable était dès lors envisageable. J'avais réalisé l'impensable. Mon entourage était surpris par mon exploit et dubitatif quant à mes réelles compétences. Je l'admettais. Qui pouvait le présager ? Personne, excepté mes anges gardiens.

Puis, contre toute attente, j'ai repris la conduite, petit à petit et selon mes facultés, assurément, en journée et sur de courts trajets que je connaissais parfaitement bien.

***

Le 25 novembre 2013, après correction, j'avais 10/10 à l'œil droit et 4/10 à l'œil gauche. Mes photorécepteurs, très abîmés, se remettaient énigmatiquement en route. Mon ophtalmologue, stupéfait, ne comprenait pas. Cartésien, il ne consentait pas que par l'auriculothérapie, les cellules de mes rétines étaient à même à se régénérer pareillement. Lors de ses nombreux déplacements dans les pays étrangers, notamment aux États-Unis, il a montré mon dossier à plusieurs spécialistes afin d'avoir une éventuelle explication cohérente à ce phénomène si particulier, inexistant et incroyable. Mais, aucun praticien n'avait la réponse. Mon cas était unique. J'étais un mystère pour la médecine et la science.

Sans élucidation concrète, je me demandais de plus en plus si la restitution progressive de mes photorécepteurs ne provenait pas tout simplement d'un miracle.

Était-ce plausible ?

***

En 2014, deux ans après ma tentative de suicide, j'étais encore en longue maladie. Malgré mes progrès remarquables et significatifs, je pressentais que mon organisme resterait fragilisé indéfiniment. Même si j'étais de plus en plus autonome, de conséquentes séquelles physiques subsisteraient indéniablement, me ralentiraient dans ma vie quotidienne et m'empêcheraient de réaliser la plupart de mes déplacements et activités.

Je pouvais désormais regarder la télévision assise correctement et confortablement sur mon canapé, bien que certaines images paraissaient toujours très sombres et imperceptibles. Tous les jours, j'allumais mon ordinateur. Les caractères agrandis étaient agréablement lisibles, cependant, la luminosité de l'écran et ma concentration visuelle me fatiguaient rapidement.

Je suis devenue cinéphile dès juin 2014. Un cinéma se situe à proximité de mon habitation, alors, j'allais souvent visionner des films. Non seulement j'avais découvert un loisir qui me plaisait mais de plus, il n'était plus impératif que je sois accompagnée. Néanmoins, sur le chemin, je repérais à chaque fois les dangers. Par ailleurs, à l'intérieur, j'enregistrais la disposition de toutes les salles ainsi que les éventuels obstacles. Je surveillais le moindre de mes mouvements avec ma torche, mon ami fidèle et indispensable.

Je conduisais de temps en temps. Il n'était plus nécessaire qu'une tierce personne m'amène dans les magasins. J'effectuais maintenant mes achats seule.

Quel soulagement et quelle satisfaction ! Quoique, pour le choix de mes vêtements, je me trompais régulièrement de coloris. Que d'anecdotes ! Je confondais le bleu avec le vert, le marine avec le noir, le violet avec le gris, le rose avec l'orange, mais peu à peu, avec pragmatisme et en toute sérénité, je m'habituais à mon étrange conception des couleurs.

Physiquement, j'étais diminuée. Ma vie était différente, perturbée par mes handicaps. J'étais consciente que je ne marcherais plus et ne danserais plus jamais comme avant. Pourtant, je jouais à nouveau au tarot et à la pétanque. Quelle reconstruction positive et indéfinissable ! Même affaiblie et prisonnière de mon corps accidenté, j'avais accepté sans aucune difficulté ma nouvelle existence et destinée.

Paradoxalement, ma guérison psychologique miraculeuse était avérée. Je n'étais plus cette femme fragile, perdue et désorientée. Toutefois, à chaque instant, je m'interrogeais. Pourquoi cette transformation radicale aussi brutale de mon humeur ? Je réfléchissais, j'observais et j'analysais sans cesse mes comportements naissants et atypiques. Allongée sur mon lit ou assise sur mon canapé, je me reposais et je méditais. Je poursuivais mon processus d'introspection. Je naviguais dans mon monde interne.

Et, au fur et à mesure, je me stabilisais, je m'affirmais davantage. Je m'imposais de moins en moins une forme d'être et de désir qui ne coïncidaient pas véritablement avec ma personnalité. Il arrivait que je sois tiraillée entre « mon ancien moi » et « mon nouveau moi », cependant j'étais enfin reconnectée avec moi-même. C'était l'essentiel.

1er septembre 2014, plusieurs mois se sont écoulés depuis ma dernière consultation ophtalmologique. Après correction, j'avais 10/10 à l'œil droit et 6,3/10 à l'œil gauche. Mon ophtalmologue confirmait toujours à sa grande stupéfaction, son dernier diagnostic. Le compte rendu indiquait une altération de l'épithélium pigmentaire et dépôts hyper autofluorescents qui se résorbaient pour laisser place à une atrophie des tissus cellulaires.

Dès à présent, je savais que mon état n'évoluerait pratiquement plus. Mon nerf sciatique avait presque totalement repoussé et je n'avais pas repris pleinement possession de ma jambe gauche. J'étais avertie. Je marcherais éternellement avec une attelle et péniblement mais je marchais. Quant à mes rétines, je ne pouvais plus non plus espérer et exiger une amélioration conséquente. Il était déjà phénoménal et prodigieux de voir ce que je voyais. Je me souviendrai et je n'oublierai jamais que j'ai été quasiment aveugle pendant de nombreux mois.

À la suite, d'une convocation par le médecin de la sécurité sociale, il m'a été imposé de réintégrer mon travail en janvier 2015, en invalidité catégorie 1. Ce dernier trimestre 2014 a été principalement consacré aux diverses formalités exigibles. J'ai rencontré plusieurs fois mon employeur et ma responsable. J'ai relancé mon dossier « MDPH » afin d'obtenir le statut d' handicapée. J'étais maintenant disposée et je devais affronter la réalité. Néanmoins, mon avenir était prometteur et encourageant. Qui aurait présumé, encore l'année passée, que je sois habilitée à reprendre mon emploi de télésecrétaire ? Je ne voyais pratiquement plus. J'ai été très longtemps dépendante et incapable d'être et de vivre dans la normalité. Ma métamorphose imprévisible, insolite et surnaturelle a dépassé toutes mes prévisions et espérances.

J'avais beaucoup de chance et selon mes convictions, ce n'était pas un hasard. Je n'ai jamais été fataliste et inquiète, et pourtant j'aurais dû l'être. Mes examens médicaux ont été très pessimistes. Logiquement, je ne devrais plus être apte à retrouver mes fonctions au sein de l'entreprise.

Ce n'était pas cohérent. Je comprenais les quelques personnes médisantes qui ne me croyaient pas. Certains ont prétendu que je mentais sur ma situation et que je n'avais jamais été malvoyante. D'autres ne réalisaient aucunement toutes les épreuves et interrogations que j'ai rencontrées.

Libre à chacun de penser ce qu'ils imaginent, même si ce n'est pas la vérité.

Il n'est pas accessible pour tous, d'admettre et de supposer que je suis sans doute une survivante grâce à des phénomènes inexpliqués voire paranormaux.

Chapitre 6
Stabilisation, adaptation, concrétisation

Je suis retournée à mon travail, le 9 janvier 2015 à temps partiel, à vingt-quatre heures par semaine. Mes horaires étaient déjà fixés. Dorénavant, Je devais être présente de neuf heures à midi, puis de quatorze à dix-sept heures, tous les jours exceptés les jeudis. Je me suis préparée quelques mois à l'avance. Je me levais plus tôt et j'utilisais plus fréquemment et plus longtemps mon ordinateur. J'étais ni anxieuse ni nerveuse, cependant, après la conduite, j'avais un second défi décisif à relever.

Rapidement, j'ai ressenti une asthénie et une baisse de forces généralisées. J'arrivais, tous les matins, déjà épuisée. Mais, j'étais si heureuse que je m'accrochais. Résolue, il ne pouvait pas en être autrement.

Je consultais chaque mois mon auriculothérapeute. Il remarquait à chaque séance une fatigue chronique sévère. Lorsque je quittais son cabinet, j'avais la sensation que mon corps était plus léger et que ma robustesse se réveillait à nouveau. J'étais comme ranimée temporairement.

Par ailleurs, il devenait de plus en plus acrobatique et problématique d'appuyer sur la pédale d'embrayage de mon Land Rover. Sur les trajets, même courts, je m'arrêtais à plusieurs reprises. Je ne prévoyais pas une telle régression. Mes quelques déplacements et mes efforts répétés quotidiennement absorbaient toute mon énergie. Je puisais en permanence dans mes réserves. Il était évidemment préférable que je respecte mes limites. De toute évidence, et malgré ma volonté, les circonstances ne me permettaient plus de maîtriser ma voiture rigoureusement et sereinement. Après maintes réflexions, début 2016, j'ai acheté un véhicule équipé d'une boîte automatique. Et depuis, quel apaisement et quelle délivrance, en effet. Je ne me préoccupe plus de mon pied gauche. Seul, mon grave trouble visuel incommodant et fortement gênant demeure et persistera.

Dès mars 2016, mon atrophie maculaire s'est stabilisée. Ma rétinopathie bilatérale s'accompagne d'une photophobie et d'une héméralopie très prononcées aux deux yeux. La photophobie est une sensibilité excessive à la lumière aussi bien naturelle qu'artificielle et l'héméralopie est une déficience de la vision crépusculaire ou nocturne.

***

Je ne vois pas sans un minimum de luminosité et parallèlement, j'évite tout éclairage agressif, ennemi redoutable de mes rétines. J'en conviens, c'est une manifestation complexe et contradictoire. Mes yeux fragilisés ne supportent plus la lumière. Ces effets indésirables me procurent une intolérance qui m'indispose et m'exténue.

J'apprends petit à petit à coexister avec cette singularité. À l'intérieur, grâce aux rideaux fermés, je me protège des rayons du soleil trop éblouissants. Je sors toujours avec mes lunettes appropriées et ma casquette. Je crains cette étoile pétillante et flamboyante. Je suis parfois si aveuglée que mon horizon devient tout blanc en une fraction de seconde. Au volant de ma voiture ou pendant que je me promène, je me méfie constamment. Je ne visualise pas nettement les trottoirs. Des obstacles peuvent surgir brusquement, puis me faire tomber. Compte tenu de mes soucis oculaires, et même si cela me marginalise, je préfère me déplacer en journée par temps nuageux.

J'appréhende et je fuis toutes les expositions lumineuses. Quel paradoxe, étant donné que je travaille six heures par jour sur ordinateur ! Je ne lis plus et je ne regarde plus spontanément. La montée en puissance de la digitalisation m' handicape considérablement. À l'extérieur, lorsque le soleil brille, les reflets m'empêchent de décrypter les textes inscrits sur les écrans, tels que les téléphones portables, les nouveaux horodateurs et pompes à essence.

Miraculée, je ne me plains pas. J'observe, je remarque, je constate et je m'exprime librement sans aucune honte. J'ai pleinement conscience de mes lacunes existantes. J'écoute mais j'ignore les critiques désagréables et inopportunes que j'entends. Indépendante, je fais ce que je suis en mesure de réaliser seule. Généralement, je tiens compte de mes possibilités, des circonstances, de ma santé et de mes objectifs.

À partir du moment où j'ai repris mon emploi en janvier 2015, je me suis affaiblie physiquement. Avant la mise en place du télétravail au sein de l'entreprise, j'ai souvent envisagé de restreindre la durée de mon temps de travail. Il n'est pas continuellement simple d'estimer précisément mes véritables potentialités. Ma résistance a sensiblement diminué et j'ai tendance à trop solliciter mon organisme. Pour autant psychologiquement, j'ai enfin apprivoisé ma personnalité ainsi modifiée. Je ne suis plus stupéfaite, comme je l'ai été, par mon changement de comportement. Mon humeur est constante. Je me suis totalement affermie. J'ai abandonné « mon ancien moi », néanmoins, il sera toujours présent dans ma mémoire. Je devais subir et combattre ce passé si douloureux. Maintenant, j'aime et j'apprécie cette nouvelle existence qui m'a été offerte. Je n'ai plus le même regard sur la vie et les mêmes attentes. Ma psyché s'est transformée.

Pourquoi ai-je souhaité mettre fin à mes jours ? Pourquoi pouvons-nous être amenés à commettre l'irréparable ? Succinctement, voici un exemple à travers mon histoire personnelle.

Chapitre 7
« Le suicide »

J'ai participé à l'émission « Enquête de Santé » sur le thème du suicide, diffusée le mardi 25 juin 2013 à 20 h 50 sur France 5, présentée par Marina Carrère d'Encausse et Michel Cymes. Il a été rapporté que chaque année plus de 10 000 Français se suicident, 160 000 tentent de le faire et 60 % récidivent. C'est un fléau pour notre société. On peut être soit une victime directe, soit une victime collatérale, telle que la famille, les proches, pour qui la culpabilité et les questions sans réponses sont un poids pour leur quotidien.

Nous traversons tous des périodes de stress, d'incertitudes, de perturbations. Même les plus « forts » sont à certains moments susceptibles de basculer et de devenir vulnérables, indépendamment de leur volonté en perdant leurs capacités habituelles. Et lorsqu'on est envahi par un déséquilibre et une détresse psychique intense, le seul moyen de mettre fin à cette souffrance insupportable est souvent malheureusement le suicide. La plupart du temps, cela se produit de manière impulsive, non réfléchie à la suite d'une crise momentanée avec une accumulation de facteurs anxiogènes. Dans d'autres cas, cela peut provenir d'un trouble psychologique plus profond.

Ce geste de désespoir est cependant assez mal accepté et reste incompris. Instinctivement, il est inconcevable d'envisager et de programmer notre propre mort comme je l'ai fait à plusieurs reprises. On m'a fréquemment demandé si j'avais pensé à mes enfants au moment de passer à l'acte. Bien entendu, à l'époque, j'étais persuadée que j'étais un immense fardeau pour mon entourage et que l'ambiance familiale serait plus harmonieuse sans moi. Je croyais que je les empêchais de se construire et de s'épanouir normalement comme une mère le souhaite. Ce qui est évidemment faux, lorsqu'on raisonne logiquement et sainement. Guérie, je le reconnais aujourd'hui.

Il faut différencier une déprime passagère d'une dépression chronique grave, installée depuis plusieurs années et qui peut fatalement conduire au suicide. À la naissance, on est plus ou moins prédisposé, selon l'hérédité et selon notre degré de sensibilité. De même, dès l'enfance, des évènements traumatisants sont par la suite des facteurs aggravants. Ceux-ci sont notamment susceptibles d'entraîner des bouleversements dans le bon fonctionnement de la gestion du stress.

En ce qui me concerne, mes tentatives de suicide n'étaient pas des appels au secours. Je voulais véritablement mourir. Elles étaient planifiées. À la suite de mes échecs, je me relevais provisoirement mais je m'effondrais à nouveau rapidement. J'étais de plus en plus aspirée dans ce tourbillon infernal et de temps en temps, le désir de recommencer m'envahissait profondément. Durant ces épisodes interminables de perdition, j'étais persuadée que la seule solution était de rejoindre physiquement le royaume des morts. Mon âme libérée, trouverait enfin la tranquillité tant recherchée et ainsi, dans cet autre monde invisible, il m'aurait été possible de protéger ma fille et mon fils.

***

Enfant unique, dès mon plus jeune âge, j'étais plutôt réservée, solitaire, émotive et fragile. Perfectionniste, je n'aimais pas décevoir et commettre des erreurs. Je m'efforçais d'atteindre les sommets et tout particulièrement dans mes domaines de prédilection.

Le degré d'intensité de mes exigences était si élevé que je relâchais rarement la pression. Finalement, je ne gérais pas correctement cette tension que je m'imposais. Et trop soucieuse, j'étais inéluctablement déstabilisée mentalement.

J'étais très attentive au regard d'autrui. Docile et disciplinée, j'ai toujours écouté mes parents et l'autorité en règle générale. Je ne me rebellais pas. Je faisais ce qu'on me disait de faire. J'étais en admiration devant mes parents. Ils ont réussi professionnellement, alors, je voulais suivre le même chemin. Je devais obligatoirement penser et agir comme eux. J'étais sous leur influence. Le moteur du développement individuel est la considération, la réflexion, l'idée, la représentation. Inconsciemment, je me suis oubliée. Je me suis structurée en tant qu'enfant de mes parents au lieu de m'élever personnellement. Par conséquent, j'ai perdu petit à petit confiance en moi et l'estime de moi-même.

Trop gentille, sans défense, je manquais de réactivité. Et, lorsqu'un lion croise un animal affaibli, il en fait automatiquement sa proie. À huit ans, j'ai changé d'école. Je ne me plaisais pas. Ensuite, j'ai été victime de harcèlement et de moqueries de la part de certains camarades et professeurs. Je ne protestais pas.

Je ne me confiais pas, mais je souffrais en silence. J'étais impuissante et seule face à cette violence morale qu'on m'infligeait et que je subissais.

De tempérament pourtant sociable, je me suis éloignée progressivement des autres. Probablement incomprise et maladroite, je me sentais exclue, rejetée. Naïve, je ne comprenais pas la raison. De ce fait, je redoutais la solitude. Bonne élève jusqu'à présent, je cumulais les lacunes dans mes résultats scolaires. J'angoissais pathologiquement à chaque examen. Je perdais tout contrôle. Ces épreuves qui se soldaient inévitablement par des déceptions étaient devenues insoutenables psychiquement.

Je me suis réfugiée dans la danse, le piano puis la peinture. Mes loisirs artistiques m'ont beaucoup apporté en épanouissement et satisfaction. Par le corps et la pensée, je m'échappais, je m'évadais. J'exprimais toute ma sensibilité et mes ressentis enfouis au plus profond de mon être.

Mon don de médiumnité m'a extrêmement ébranlée. En juillet 1980, un an après le décès de mon grand-père maternel, j'avais treize ans. J'étais dans la voiture avec mes parents, et lorsque nous sommes passés à côté du cimetière où il était enterré, à cet instant précis, un phénomène surnaturel s'est produit soudainement. J'ai eu une sensation effrayante, très étrange. J'ai reçu un message de mon défunt grand-père. Comment une telle manifestation pouvait exister puisqu'il était mort ? J'étais désemparée. Pourquoi avais-je ce pressentiment inexplicable et pourtant si pénétrant ? Il me prévenait d'un danger qui m'impacterait, ainsi que ma mère. L'incident surviendrait le lendemain, date d'anniversaire de sa disparition. Ce présage était légèrement flou, cependant, je devais le prendre en considération et me méfier. Que croire ? Que devais-je supposer ? Comment interpréter cette prophétie venue d'une présence extracorporelle insaisissable et surtout que je ne maîtrisais absolument pas. Était-ce le fruit de mon imagination fertile tout simplement ?

Le soir, je me suis couchée, terrifiée. J'ai peu dormi. Le « jour J », je me suis levée avec l'intime conviction qu'une catastrophe adviendrait si je ne tenais pas compte de cet avertissement. Inquiète, j'envisageais de rester à la maison, néanmoins ma mère avait programmé et insistait pour que je l'accompagne à Lyon. Selon moi, je n'avais aucune justification crédible, alors j'ai cédé. Nous sommes montées dans la voiture. Nous n'étions pas encore contraints d'attacher notre ceinture de sécurité. Pour la première fois, toujours soucieuse et dubitative, je l'ai fixée dès notre départ. Quant à ma mère, elle refusait catégoriquement. Mon obstination l'ennuyait. J'étais patiente. Je lui répétais sans cesse de l'accrocher. Et, après plusieurs kilomètres, j'étais satisfaite, elle m'a écoutée. Puis, ce qui devait arriver arriva. Un véhicule nous a percutées violemment par l'arrière et la ceinture de sécurité nous a sauvegardées.

À la suite, j'ai été secouée psychologiquement, non seulement par le choc de l'accident en lui-même, mais aussi par le spectre de mon grand-père. Je réalisais que grâce à son intervention totalement énigmatique, il nous avait protégées par mon intermédiaire. Il m'avait désignée. J'étais certes réceptive, par contre, je n'étais ni prête ni conditionnée. Je ne comprenais rien. J'étais déconcertée. Qu'étais-je en train de vivre, de découvrir et d'éprouver ? Cette nouvelle perception était si insolite, irrationnelle, rocambolesque et insensée que je me demandais si je n'étais pas spéciale et anormale. Je ressentais régulièrement son entité. Son fantôme me hantait même les nuits. J'avais souvent des frayeurs nocturnes qui m'oppressaient considérablement. Je me réveillais brusquement en tremblant dans mon lit. Je jouais, le temps que mes angoisses s'atténuent et disparaissent. Je n'osais pas en parler à mon entourage. Je ne souhaitais pas les inquiéter. Je craignais leurs réactions et leurs jugements puisque je n'étais ni fantaisiste ni fabulatrice.

J'étais désorientée et tourmentée. J'ai dû affronter seule mes démons. Je me suis dès lors, intéressée à la voyance et à l'existence éventuelle d'une vie après la mort. J'essayais de traduire mes nombreuses visions et prédictions qui se sont effectivement déroulées ultérieurement. Je m'efforçais continuellement de percer ce mystère et d'apporter un sens rationnel à cette faculté qui m'avait été donnée.

***

À dix-huit ans, contre toute attente, j'ai réussi le concours d'entrée de l'école d'arts appliqués, section décoration-étalage à Vevey, en Suisse. J'ai quitté le lycée sans aucun regret. Je ne me plaisais pas. J'ai pris un nouveau départ plus favorable et gratifiant. Toutefois, la première année a été assez chaotique. Je n'avais pas de télévision. Les soirs, dans mon studio, je supportais difficilement la solitude. Afin de combler cet immense vide, j'ai loué un piano mais il ne remplaçait pas la présence humaine. Je rentrais à Lyon tous les week-ends, durant lesquels je poursuivais mes cours de danse les samedis.

C'était une chance formidable d'étudier dans cet illustre établissement. J'étais consciente que j'avais été admise grâce à ma créativité. Côté technique, j'étais novice. Je devais tout apprendre, contrairement aux autres élèves de ma classe, qui avaient effectué préalablement au minimum une année préparatoire. Cet apprentissage correspondait parfaitement à mes espérances. Je m'investissais pleinement. J'étais passionnée par les différentes activités et travaux que je réalisais. J'étais heureuse, néanmoins mes préoccupations assombrissaient ce tableau ensoleillé. J'avais peur d'échouer et d'être éconduite en France si mon niveau n'était pas suffisant. Nous étions dix-huit, puis l'un d'entre nous a été renvoyé. Mes efforts ont été récompensés. J'ai progressé et j'ai été acceptée définitivement. Tenace, j'ai persévéré. Je me suis appliquée avec acharnement et enthousiasme. J'ai ainsi continué mon ascension. Une ambiance de compétition régnait en permanence. En deuxième année, j'étais dans les cinq premières, ce qui a attisé évidemment de la jalousie.

Ensuite, je suis partie un an à Paris. J'ai travaillé en tant que décoratrice-étalagiste pour une grande marque de parfum. J'étais stagiaire, pourtant, de multiples responsabilités m'ont été confiées. Ce stage professionnel m'a bénéfiquement métamorphosée.

Quant à la quatrième et dernière année, j'ai réintégré mon statut d'étudiante à l'école de Vevey. Le retour a été assez compliqué. J'avais l'impression de régresser. J'étais stressée par rapport à l'examen final et contrariée. J'ai été victime de discrimination. Un professeur chauvin m'a prise pour cible, car j'étais française. Et, encore une fois, je me suis enfermée dans un mutisme complet, au lieu d'en parler au proviseur. Je ne souhaitais pas envenimer une situation déjà critique et conflictuelle. Je regagnais mon studio souvent en pleurs et découragée.

Après mon diplôme, je prévoyais de rester en Suisse mais le destin en a décidé autrement. Je suis finalement retournée dans ma ville natale où je me suis installée à mon compte pendant sept ans. Je m'occupais essentiellement de l'agencement des vitrines pour de grandes marques de parfum sur la région Rhône-Alpes. Parallèlement, j'intervenais quelques heures par semaine dans certaines écoles. Par vocation, j'ai enseigné mon métier.

Je me suis mariée en 1993. Ma fille est née en 1995, puis mon fils en 2000.

***

J'ai eu ma première crise de spasmophilie à la fin de mes études. Plus tard, fragilisée et perturbée, après des années d'angoisses et de phobies, dans un contexte de difficultés conjugales avec violences verbales, je me sentais éperdument dévalorisée, inutile et coupable. Incomprise, je perdais toute estime de moi-même. Inconsciemment, je m'affaiblissais. Je m'abîmais un peu plus chaque jour. Lucide, je savais que la vie n'était pas un long fleuve tranquille, et seule contre tous, je n'avais pas d'autres alternatives que de supporter l'insupportable. Je refusais de voir la réalité. J'adoptais cette stratégie de défense afin de me protéger. Je ne me rendais pas compte que je sombrais petit à petit dans la dépression.

Usée, le vase bien rempli, prêt à déborder, j'ai craqué un soir de 2003. Une contrariété de trop a été l'élément déclencheur. J'ai attendu que mon mari soit parti travailler et que mes enfants soient endormis. Tranquille et déterminée, j'ai avalé une boîte entière d'anxiolytiques. Je me suis allongée sur le canapé, puis le trou noir. J'ai eu la mauvaise surprise de me réveiller à l'hôpital. J'étais en colère. Échec supplémentaire, je n'étais pas morte.

Malgré tout, j'avais choisi de me soigner. J'ai séjourné quelque temps dans une clinique psychiatrique. Je présumais que par un traitement médicamenteux et par la sismothérapie, il était envisageable de mettre fin à ce mal-être persistant. Mais, bien au contraire, mon état psychologique s'était sérieusement détérioré. Je n'ai pas toléré les électrochocs. Cette méthode consiste à envoyer un courant électrique au niveau cérébral afin de créer une crise convulsive. Le cerveau va secréter différents neurotransmetteurs et neurohormones impliqués dans les troubles de l'humeur. Ces substances vont stimuler les neurones et ainsi favoriser la création de nouvelles connexions neuronales.

Dans mon cas, les effets ont été plutôt dévastateurs. Je ressemblais à un zombie. J'avais de moins en moins de mémoire. Je me déconnectais du monde réel sans m'en apercevoir. Toujours à la clinique, discrètement, je me scarifiais les bras et les cuisses avec des rasoirs que j'achetais lors de mes sorties. Je m'affligeais des blessures corporelles et paradoxalement, j'éprouvais aucune douleur physique. Cependant, ma pression interne diminuait. Par l'automutilation, j'évacuais toute cette tension et agressivité que je gardais à l'intérieur de moi. J'extériorisais ainsi mes souffrances invisibles. J'étais momentanément soulagée.

Contre mon gré, j'ai été transférée dans un hôpital psychiatrique, structure plus adaptée face à la gravité de mon comportement. Involontairement, je disjonctais. Susceptible et irascible, je n'admettais pas une telle décision. Croyant être abandonnée, j'en voulais à la terre entière. J'ai été privée de tout contact avec mon entourage pendant quelques jours, le temps que je reprenne mes esprits. J'étais surveillée et bien encadrée. Mon nouveau psychiatre était attentif et mes neuroleptiques prescrits étaient plus appropriés. Une fois stabilisée, j'ai rejoint mon domicile après plusieurs semaines d'internement et d'isolement. À la suite, pleine d'espoir et motivée, je rencontrais régulièrement mon médecin en thérapie comportementale individuelle, de couple, et de groupe.

Par cette prise de conscience et à travers ces dialogues partagés, je pouvais prétendre à une vie plus sereine et plus équilibrée, néanmoins, mon optimisme a été de courte durée. Cette perspective de conciliation a été une illusion. Je me suis séparée en 2005 et j'ai divorcé l'année suivante. Parallèlement, j'ai été en congé parental dès la naissance de mon fils jusqu'en 2003, puis au chômage. Pendant cette période d'inactivité professionnelle, j'ai effectué une formation de secrétaire médicale. Et, depuis 2006, je travaille dans un centre d'appels. Ambitieuse et volontaire, je songeais à gravir les échelons rapidement. Insatisfaite de mes performances et à la recherche perpétuelle de la perfection, j'étais immuablement tourmentée et oppressée.

Entre mes enfants et ma profession, mes journées étaient bien remplies. Je me rétablissais progressivement de mes épreuves traumatisantes. Mon environnement était plus propice à la stabilité et à l'apaisement. Dès lors, j'ai réduit la fréquence de mes consultations avec mon psychiatre jusqu'à les interrompre totalement.

En 2009, mon ex-mari, par le biais d'une procédure, a réclamé à ma grande stupéfaction, la garde alternée. Je me suis opposée mais j'ai perdu. Mon univers encore potentiellement destructible s'était subitement écroulé comme un château de cartes. Cette bombe qui venait d'exploser avait ravivé la flamme et ainsi activé mes pulsions suicidaires. Lorsque mes enfants partaient, incontrôlable et inconsolable, j'étais très agitée et déprimée. Tout remontait à la surface. J'avais le sentiment qu'on m'avait jeté un mauvais sort. J'avais la sensation d'être persécutée. Je ne me sentais pas à ma place. Quel était l'intérêt de mon existence, en tant que femme et en tant que mère ? Effondrée, je m'efforçais désespérément d'élucider cette énigme. Ma vie n'avait aucun sens.

En mars, un dimanche soir, seule, à la suite d'une insurmontable crise d'angoisse, j'ai ingéré des médicaments avec de l'alcool, puis j'ai téléphoné à une de mes collègues. Je l'ai informé de mon choix et de ma volonté de mourir. J'ai perdu connaissance alors que nous étions en communication. Elle a aussitôt prévenu les pompiers et je me suis une nouvelle fois réveillée à l'hôpital. J'ai renouvelé ce geste de désespoir trois mois après. Je n'ai pas commis la même erreur que précédemment. Je n'ai appelé personne. Pourtant, le lendemain matin, mes amies se sont inquiétées de mon absence anormale à mon poste. Et, étant injoignable, elles ont contacté mon père et les services de secours. Je me suis à nouveau retrouvée aux urgences. À ma sortie, je me suis reposée une semaine dans une clinique psychiatrique.

Ma mort n'était toujours pas programmée dans ma destinée. Ma mission n'était indiscutablement pas terminée, Du moment que celle-ci n'est pas accomplie, nous vivons. C'est en tout cas ma conviction. Alors, j'ai insisté, je me suis accrochée, et j'ai résisté quelque temps. Toutefois, je cumulais les obstacles, les contradictions et les déceptions. Je n'avais aucun répit.

J’étais épuisée mentalement et physiquement. Rien n’avait changé. J’étais probablement la cause et la conséquence de mon passé douloureux et de mon présent tumultueux. Mon avenir paraissait très sombre. J’étais finalement un parasite.

***

Mon histoire et mes prédictions étaient une succession de désagréments et de cataclysmes. Ce don était une malédiction. Mes craintes et mes doutes incessants me pétrifiaient. En raison de mon hypersensibilité émotionnelle, j’étais fragile face à toutes les péripéties et dysfonctionnements imprévus. J’étais anéantie par les multiples trahisons, manipulations et réflexions humiliantes que je subissais. Je n’avais plus confiance. La vie m’était insupportable. Mes traumatismes depuis mon enfance avaient laissé des traces indélébiles. Malgré ma résistance, je touchais cette fois-ci véritablement le fond du précipice. Je ne maîtrisais ni ma colère, ni mes souffrances et ni mes phobies. J’avais repris mes scarifications. La douleur corporelle que je m’infligeais permettait de mettre en pause ma douleur psychologique.

Je ne voyais aucune issue de secours à part la mort. Il devenait indispensable d’interrompre définitivement ce parcours si chaotique et si insignifiant. J'ai calculé et préparé minutieusement la fin de mon aventure. Je conservais précieusement mes anxiolytiques et antidépresseurs prescrits afin de tous les avaler en une seule prise mélangés à de l'alcool fort le moment venu.

Le 9 mars 2012, j'étais prête à partir. J'avais décidé enfin de clôturer ce chapitre de mon existence et ainsi atteindre l'au-delà. Toutes les conditions idéales étaient pourtant réunies. Mon âme a effectivement quitté mon corps. J'ai été attirée par une lumière mais je ne l'ai pas pénétrée. Une force extérieure m'a repoussée. Dans le coma, on m'a aidée à lutter et à rester en vie.

***

Aujourd'hui, dix ans après, c'est un privilège de raconter cette expérience incroyable qui relève du miracle. Je suis certes diminuée physiquement, pour autant, je suis complètement transformée psychiquement. Je ne suis plus dépressive. Je n'ai plus de phobies, plus d'angoisses. J'ai surmonté naturellement les évènements dramatiques vécus auparavant. Je les ai analysés. Mes failles se sont refermées. Mes larmes et mes peines ont disparu magiquement.

Je peux désormais interpréter et psychanalyser cet état de mal-être et de résignation dans lequel j'ai été plongée pendant de nombreuses années. Certains développent des troubles de la personnalité dès leur plus jeune âge. Pour exister, les dominateurs, particulièrement les pervers narcissiques, ont besoin de rabaisser et de persécuter les plus vulnérables. Ces derniers tombent dans un engrenage. Il est ensuite difficile de s'échapper de cette emprise. On cède aux chantages, aux menaces. On est accusé à tort, seulement on est persuadé du contraire, alors on accepte. On s'abandonne. Se manifeste ainsi une faible estime de soi. Les répercussions sur l'ensemble du fonctionnement individuel et sur les relations que nous entretenons de manière générale sont considérables. On se dévalorise. On a le sentiment d'être étrange. Paradoxalement, par obsession d'être jugé, voire critiqué, on se focalise de façon démesurée sur notre image. Sur un élément mineur qui peut ne pas même avoir été perçu par les interlocuteurs s'installent des moments d'incertitudes et d'autodénigrement, dont le cumul peut conduire à l'isolement social et à l'autodestruction.

Dorénavant, je m'exprime librement. J'explique objectivement ma véritable métamorphose. Néanmoins, je reste stigmatisée par mes quatre tentatives de suicide.

Inévitablement, on me considère comme malléable. Je reflète l'ombre d'une femme fragile et d'une proie facile pour les prédateurs. On peut cependant simuler et dissimuler comme je l'ai fait à plusieurs reprises, un déséquilibre mental gravissime. Alors, j'admets qu'on ignore ma sincérité actuelle. Nous sommes trop rapidement étiquetés sans fondements. Notre perception est fréquemment aux antipodes de la réalité. La psychologie humaine est complexe.

Je comprends à présent ce qu'il m'était impossible de comprendre. Je ne crains plus la solitude. Même lorsque je suis seule, c'est paradoxal, je ne me sens pas seule. J'assume pleinement mes décisions et mon désir d'indépendance. J'ai un besoin constant de tranquillité et de sérénité. Je me ressource. Je vis selon mes envies, mes opportunités et mes capacités. Par ailleurs, Je fuis toute relation toxique et destructrice. Le harcèlement moral est dévastateur. Les manipulateurs pathologiques ne m'impressionnent plus. Je suis indulgente puisqu'ils sont eux-mêmes dans le désarroi mais je ne les excuse pas pour autant. Je n'éprouve aucun sentiment de culpabilité et de honte. Je ne regrette rien, ni mon passé, ni mes tentatives de suicide étant donné que je suis une miraculée. Mon organisme est irréversiblement abîmé, pourtant, s'il était concevable de remonter le temps, je refuserais catégoriquement.

Je suis reconnaissante envers mon entourage et les praticiens qui ont participé à ma merveilleuse reconstruction surnaturelle. Par la télépathie, je remercie chaque jour mes anges gardiens. Ils me protègent et me guident continuellement. Je suis réceptive et attentive à leurs messages. Ils m'avertissent. Maintenant, je maîtrise parfaitement mes prémonitions. Je ne les perçois plus comme une malédiction. Cette faculté est une offrande bienfaisante et exceptionnelle.

Certes, je ne devais pas rejoindre les étoiles en mars 2012. Fort heureusement, mon décès aurait été effectivement prématuré. Toujours est-il que ma dernière tentative de suicide a provoqué la régénérescence de mon âme. Selon mes croyances, tout était prédéterminé dans ma destinée. Je suis enfin en paix avec moi-même. La vie est ainsi un jeu de construction remplie d'espoir.

Imprimé en Allemagne
Achevé d'imprimer en mai 2023
Dépôt légal : mai 2023

Pour

Le Lys Bleu Éditions
40, rue du Louvre
75001 Paris

www.ingramcontent.com/pod-product-compliance
Lightning Source LLC
La Vergne TN
LVHW010559160826
845677LV00013B/3191